中國学術思想 研究輯刊

八 編

林 慶 彰 主編

第 20 冊

劉蕺山之成學經過

王 俊 彥 著

花木蘭文化出版社

國家圖書館出版品預行編目資料

劉蕺山之成學經過／王俊彥 著—初版—台北縣永和市：花
木蘭文化出版社，2010〔民99〕

序 2+ 目 2+142 面；19×26 公分

（中國學術思想研究輯刊 八編；第 20 冊）

ISBN：978-986-254-204-0（精裝）

1.（明）劉宗周　2.學術思想　3.明代哲學

126.94　　　　　　　　　　　　　　　　99002486

ISBN - 978-986-2542-04-0

9 789862 542040

中國學術思想研究輯刊

八　編　第二十冊　　　　　ISBN：978-986-254-204-0

劉蕺山之成學經過

作　　者　王俊彥
主　　編　林慶彰
總 編 輯　杜潔祥
出　　版　花木蘭文化出版社
發 行 所　花木蘭文化出版社
發 行 人　高小娟
聯絡地址　台北縣永和市中正路五九五號七樓之三
　　　　　電話：02-2923-1455／傳眞：02-2923-1452
網　　址　http://www.huamulan.tw 信箱 sut81518@ms59.hinet.net
印　　刷　普羅文化出版廣告事業
封面設計　劉開工作室
初　　版　2010 年 3 月
定　　價　八編 35 冊（精裝）新台幣 58,000 元　　　版權所有・請勿翻印

劉蕺山之成學經過

王俊彥　著

作者簡介

王俊彥，江蘇漣水人，一九五六年生，中國文化大學中國文學博士，現為中國文化大學中文系專任教授，著有《劉蕺山之成學經過》、《胡五峯理學思想之研究》、《王廷相與明代氣學》等書。及〈王廷相的元氣無息論〉、〈呂緝熙「氣生於氣」之思想〉、〈王廷相的「性者，氣之生理論」〉、〈徐三重《信古餘論》之理氣論〉、〈王龍溪之心論〉、〈吳廷翰「以氣即理，以性即氣」的思想〉、〈吳廷翰的致知格物論〉、〈王船山氣學思想述要〉、〈論張載的氣質之性及其開展〉、〈陳確的理氣論〉、〈羅欽順的理氣心性論——以理氣是一為詮釋路徑〉等論文十數篇。

提　　要

　　劉蕺山是明末殉國之理學家，其學重實踐，從政作為多受儒家政治理想影響，終至抱道殉國，可為一學行合一之表率。此文即從其治學、師友、從政經過，探究其學行之演進，及其終能卓然自立者。

　　本文凡分三篇。首篇背景篇，自蕺山之家世、學術政治背景、學術淵流作一探討，以明其成學所受環境之影響。次篇師友篇，依其一生論交師友相識年代，逐一介紹學行與交往經過，藉明蕺山所受師友之影響。三篇成學經過篇，凡分四章。首章論早年主敬之因緣與工夫；次章論中年慎獨旨意及旁出；三章論晚年誠意學說之成熟過程；四章結論對蕺山學說特色，及實踐工夫作一總結。

　　撰述資料，主據劉子全書本文，及各家哲學著作之相關資料。本文重點在了解劉蕺山之如何完成其為理學家之一生，故特重師友交往，及成學經過。冀自成學過程中，見出其思想進展及受時代、師友之影響。以及在何條件、機緣下，形成其學行並重之理學家特色也。

目

次

序　論

　　一代思潮之盛衰，其澎湃燦然，淵綜停蓄者，皆有其不得不爾之因素。有明於文章事功皆不及前朝，惟於理學獨盛。蓋承宋元諸儒而來，又以陽明倡致良知之說，天下靡然風從，其影響社會人心爲尤大。然其末流好爲徑超頓悟之說，忽視省身克己之工夫，道德遂現缺失，而王學之反動生焉。若東林顧涇陽調和朱王，倡性善之旨；高景逸尊朱抑王，主格物之學。胥重實修實悟，以求明體達用。自嘉靖萬曆以降，朝綱弛紐，閹寺專權，黨獄屢起，益以外寇頻仍，馴至動搖國本矣。陵夷至於明季，內憂外患，交相迭乘，劉蕺山蒿目時艱，獨發愼獨誠意之旨，欲挺身立說以匡救時弊。正人心之陷溺，挽狂瀾於既倒，耿耿孤忠，大節凜然，若蕺山者，可謂不負所學矣。

　　孟子曰：「頌其詩，讀其書，不知其人可乎？」蕺山挺立於叔世，生徒徧天下，其有關一代風教者，可謂多矣。而欲明其所以成教立說者，莫若識其成學之過程，此即本文撰述之動機。一理學家之成學經過，自縱者言，雖有前後各期學說之不同，以超越自立於舊說者，其中必有一主線，貫穿各期諸說，以成就其學說也；自橫者言，同一時期之思想，必有多向之發展。而多向發展中又必有一主說，而他說則爲會通於此，以對應於外之權說。若蕺山立說愼獨時，又有主靜、存察、中和、致良知諸說，而皆本於愼獨之旨也。合而觀之，其成學之一貫歷程，固決定各期權說之性質與方向；然各期權說之內容，亦影響其一貫之歷程。故由一貫與會通二觀念，以明其成學之經過，即撰述本文所持之態度。

　　本文分三篇。首篇論其成學背景，介紹蕺山之家世、當代政治情勢、學術風氣與學術淵源，以明其成教立說之背景。次篇論其成學之師友，蓋師友之切磋琢磨，麗澤潤說，其於成學之功，影響不爲不大。篇分三章，依早、中、晚三期，分介其從政、論學諸師友也。三篇論其成學之經過，依時間分爲早、中、晚、結四章。蓋蕺山成學雖有發展階段可言，然其自學說之一貫

會通處言實不可強爲之分。此處分段，但爲明其學術演進之方便而已。

第一章述其出生自四十八歲成學之初期。章分六節，分論蕺山個人向學志趣及母教，與東林相師友之經過影響，早年疑王門近禪而反王之因緣，及友東林而承程朱主敬之旨，藉以表明蕺山成學之始基。

第二章述其四十九歲至五十八歲自我立說愼獨之成學中期，章分四節。首明其由承前人主敬轉而自倡愼獨之因緣。次論其愼獨之旨，此爲此期之主說，而五十七歲著聖學宗要主張主靜立人極；及論存養省察之說；五十七歲著聖學宗要，開始論述之中和、性情說，又皆本愼獨以應外之權說。三節述蕺山五十歲著皇明道統錄轉信陽明良知之故，及倡言愼獨即致良知之旨。四節言蕺山雖篤信良知，然於其輕點向上一機之弊，終不能放過。故五十四歲雖與陶石梁等以禪說良知者，其立證人社講論良知，次年起即以宗旨不合，而互辯本體與工夫孰重。此章明其自我立說之旨與成學過程。

第三章論其五十九歲立說誠意至六十六歲著良知說止，爲成學晚期，章分四節。首明蕺山轉立誠意之故，蓋此時蕺山以意爲心之所存非所發，而誠意說便是用工夫於此意根，亦即愼獨之獨體，故其論愼獨誠意實爲一事，只立名之異耳。次節論蕺山釋誠、意、誠意愼獨之工夫，及誠意貫穿大學八目以系統其說。就中以六十五歲所著治念一說，嚴分意念之別，蕺山誠意之說，至此方告完備。三節復論其六十歲因辯太極之名，乃本其攝形上存有爲一之誠意說，推論道理皆自形氣而立，離氣無理。如此體用爲一，故以太極爲萬物之總名也。四節述其六十六歲著良知說，仍本其意根據自覺定向之誠意說，而以爲陽明以有善有惡意之動是將良知認粗，陽明知善知惡是良知一語是將知字認壞。此皆通過王門末流看陽明，以正王門虛浮之弊。此即蕺山一生糾結於王門之最後定論。

第四章爲其成學總結，章分二節。首以其六十六歲所著之讀易圖說，見其攝天地人於一易，即體即用之學說特色；及易衍中藉先天後天之易，分說其愼獨誠意之性宗心宗，以明其學說之綱領，而蕺山平生學問特色即盡於此。次節論其六十八歲絕命前仍加修訂之人譜，此書爲蕺山整個誠意愼獨學說之實踐工夫，如此學行雙彰，實爲先儒所未見，成學至此，可謂至矣。

小子愚魯，膚受末學，撰述此文，雖戰兢臨履，以從事之。然掛礙困頓，所在多有，幸蒙金師榮華之指點迷津，始克完稿，謹此致謝。惟思拙筆鈍，復以時日所限，掛一漏萬，在所難免，尚祈博雅君子，不吝賜正是幸。

第一篇　背景篇

第一章　家　世

　　劉蕺山字起東，初名憲章，宗周其字也。應童子試，納卷者誤以字爲名，遂以宗周之名入膠庠。其父諱坡，字秦台，遺腹生宗周，及長痛念其父，乃別號念台以致哀。〔註1〕後遷居蕺山下，自稱蕺山長，弟子尊爲蕺山夫子。〔註2〕晚又更號克念子。〔註3〕歿後，明魯王諡曰忠端。〔註4〕唐王諡曰忠正。〔註5〕清乾隆四十年，又諡以忠介。〔註6〕

　　蕺山先世出漢長沙定王發之後。至宋有退翁先生徙居廬陵，四傳而爲揚州別駕廷玉。廷玉子文質，元成宗大德中，辟山陰縣幕，遂爲其縣水澄里人。

　　及入明，四世孫謹以童稚赴滇南，脫父於戍，世稱孝子。又三傳爲贈兵部右侍郎鐸。鐸生濟，濟生概，概生煒，煒生坡，坡生蕺山。蕺山爲文質十一世孫。水澄里在紹興府城內，劉氏聚族而居。概字元平，以小宗而主宗政。性嚴毅好面折人過。然頗闊略世務，不問生計有無。晚年家道遂落，竟以所居聽事售人。卒於萬曆丙子，年七十九，後二年而蕺山生爲。其妻茅氏，信佛甚虔。

　　概生煒號兼峰公，字仲厚，少而尪羸，坐廢學。既舉子坡，字汝峻，號秦台，即蕺山父也。則冀成其志，歲延名師以課之讀，不虞其力之匱也，十

〔註1〕見黃宗羲撰子劉子行狀。
〔註2〕據姚名達著劉宗周年譜引世譜。
〔註3〕見全書年譜，頁3490。
〔註4〕見全書年譜，頁3719。
〔註5〕見全書年譜，頁3720。
〔註6〕見全書卷首上諭。

年而田畝盡，秦台公學成而弗售於場屋，未幾而死。兼峰公中年喪偶哭子，田廬盡廢，乃退耕麻溪山，佐以漁樵。雖多歷坎坷，幸晚及見蕺山成名也。

　　坡字汝峻，號秦台。生於嘉靖戊申十二月初三日，幼穎異能文，年十八補會稽縣儒生。章穎見而奇之，遂於隆慶戊辰，娶章穎女，久之舉一女，旋以痢卒。時章氏年僅二十七，抱女誓以死殉，而蕺山方在妊，經章穎屢勸始解。次年即神宗萬曆六年正月二十六日，蕺山以遺腹生。秦台公生而瓌秀，癯然骨立。年十六丁母憂，哀毀逾人，其父感而不復娶。既進膠庠，屢試棘闈，每入場屋，輒以勞作眩憒，日中乃醒。一拭目即操觚疾書，文不加點，然終不售。坡性素褊急，嘗讀書羅氏，見其家父子兄弟皆有禮教，遂取法之，力自矯治，致德器日底於和粹，其家風尚幾為之變。復矜嚴好禮，白晝不入閨門，即內處亦皆冠屨。謹慎言動，無分大小。所御衣冠圖史之類，皆有常度，居恒閉戶讀書，目無浮習之態。所交皆里中長者，而人皆愛敬之。工書法，精小楷，遺文多散佚，卒年僅三十。〔註7〕

〔註7〕據全書卷二十二蕺山祖墓類狀，頁 1829，章太淑人行狀，頁 1715，及姚名達著劉宗周年譜先世，頁 3。

第二章　時代背景

第一節　晚明朝政

　　有明一代除成祖時略顯強盛，政治尚稱清明，爾後仁宗以降至武宗八十年間，歷經英宗土木與奪門之變，憲宗宦官汪直之把持朝政殘害忠良。於武宗時又先有宦官劉謹之紊亂朝政，及安化王寘鐇之亂。〔註1〕後有寧王朱辰濠之亂，後寧王亂事，雖經陽明於贛南起兵討伐而平定，然國朝政事已愈趨混亂嚴重矣。逮世宗及位，初有俺答之犯邊，繼有倭寇之蹂躪東南海疆，至晚年大權復旁落嚴嵩父子之手，政衰治弛已極。明中葉政治即在權臣宦官交相傾軋，君子遯跡田野莫敢語政之黑暗情況延至明季。

　　由於宦官權臣長期驅迫善類，使內朝無明主，於外寇亂頻仍，遂種亡國之禍根。及張居正當政，務求嚴峻，遭斥者甚眾，而逐臭之輩又依傍以自高。迨居正歿，情移勢轉，前見逐者據路要津，而依附之輩，乃禁錮林泉。隆至萬曆年間，黨同伐異之風愈盛，有東林、崑宣、浙諸黨起焉。夏允彞幸存錄云：「國朝自萬曆以後，未有黨名，及四明沈一貫爲相，以才自許，不爲人下。而一時賢者如顧憲成、孫丕揚、趙南星之流，蹇諤自負，與政府每相持，附一貫者言路亦有人。而憲成講學於東林，名流盛樂趨之，此東林浙黨所自始也。」〔註2〕

　　東林諸君即自負氣節與當道相抗，黨爭自是不歇矣。及熹宗立，深信宦

〔註1〕見明史宦官傳一。
〔註2〕見門戶大略，頁10。

官魏忠賢，魏閹專橫凶惡，復交通保姆客氏，日進俳優以惑上，跋扈誤國，致使大勢不振，言官有諫者多遭斥之。復以魏閹提領東廠，刑獄殘酷，忠良清流幾靡有孑遺，國勢無可為矣。而東林學者遂大張匡時救國之幟以與群小抗爭。蓋緣神宗在位四十八年，然自萬曆十八年起，即不見朝臣，不理國事，後以建儲問題群臣爭議，〔註3〕吏部郎中顧憲成削籍歸里，與其弟允成倡修東林書院，偕高景逸、錢一本、薛敷教等講學其中，海內聞風景附。憲成嘗謂：「官輦轂，念頭不在君父上，官封疆，念頭不在百姓上；至於山間林下，三三兩兩，相與講求性命，切磨德義，念頭不在世道上，即有他美，君子不恥也。〔註4〕如此君子小人之爭益烈，而明政局至萬曆天啟時，世道人心之道德藩籬已陷破滅之勢矣。

及思宗即位，天下大亂，饑荒外患，盜匪交迫，益以清人寇邊，國無明主賢臣，士人百姓無道德自救意識，明室乃為之覆亡。思宗殉國雖有「朕非亡國之君，滿朝文武盡是亡國之臣」之痛，亦無可如何矣。北都淪亡，馬士英立福王於南京，並引阮大鋮為羽翼，以與東林、復社相仇抗，終至南都淪亡，明緒絕矣。

蕺山挺身喚明，歷官神宗、熹宗、思宗、福王四朝，在朝之日，凡關乎國計民生、世道人心者皆抗直敢言無畏權貴宦官，疏諫不止。季遜之曰：「劉公前後立朝，皆不滿一年，而諫草甚多，皆鑿鑿名論，纏綿懇惻，不減賈長沙、陸敬輿也。〔註5〕及初立朝，睹東林黨爭，於萬曆四十一年上修正學以淑人心以培國家元氣疏。略言皇上宜化偏黨歸于平蕩，藉令謀國有人。中有「是故摘流品可也，爭意見不可也；攻東林可也，黨崑宣不可也。〔註6〕其雖多友東林，而不與東林意氣之爭，為其高卓處。

及魏閹弄權，蕺山數疏劾魏及客氏，竟遭革職，〔註7〕天啟五年，逆閹大興黨獄，楊漣、左光斗等六人，及高景逸、黃尊素等七人先後入獄殉國，蕺山處此實深感人世顯晦存亡之苦，尤助其戮力上國之志也。崇禎二年官順天府尹，其中善後清兵之犯邊，救饑拯災，頗得清譽。崇禎立後，溫體仁、周延儒復朋比亂政，蕺山復疏糾不已，體仁陰激上怒，復遭奉旨革職，時崇禎

〔註3〕見明史本紀二十、二十一，后妃傳二。
〔註4〕見明儒學案卷五十八、東林學案一顧憲成。
〔註5〕見崇禎朝野紀，頁96。
〔註6〕見全書卷十四，頁884。
〔註7〕見全書年譜，頁3535。

九年，官王都侍郎也。〔註8〕及崇禎十五年，時清軍犯邊愈警，上詔對策，言官姜埰責以奸人亂政，上怒下姜獄，蕺山官左都御史以救姜埰，並三度遭革職也。〔註9〕後福王立南京，蕺山猶疏抗馬士英、阮大鋮不已；並招于穎、章正辰、熊汝霖共圖恢復之計，然無法挽救國運之頹敗也。故其絕命前有「胸中萬斛淚，半灑之君上，半灑之二親」。〔註10〕之痛語。故知蕺山雖立說以抗人心積弊，持學從政以復王道，終至抱道殉國。然其道德精神之實踐勇氣，實多有感於政治喪頹之激勵也。

第二節　學術風氣

一、良知之流衍

　　明代理學之發展，主由王學衍生出之。然王門諸子，人眾流雜，故於良知，各持異見，乃有派別生焉，而以浙中、江右、泰州三者為主。陽明良知本為救正朱學支離而起，故主心即理，將外在客觀世界收歸一心，而此心之本即良知也。其云：

> 良知只是一個天理自然明覺發現處，只是一個真誠惻怛，便是他本體。〔註11〕

能致良知之真誠惻怛以處事，即合天理。而陽明良知說是即本體即工夫，本體無分內外，工夫即在其中。故陽明主知行合一，其云：

> 外心以求理，此知行之所以二也。求理於心，此聖人知行合一之教。〔註12〕

知其知行合一，乃就知行之本體而言。良知本體通透聖明，只依順此良知，便是正道。陽明五十六歲時，將發思田，德洪持四有與畿持四無論學。是夕二人請教陽明於天泉橋上，陽明評云：

> 我這裡接人，原有此二種，利根之人，直從本原上悟入，人心本體原是明瑩無滯的，原是個未發之中。利根之人，一悟本體即是工夫，人己內外一齊俱透了。其次不免有習心在，本體受蔽，故且教

〔註 8〕見全書年譜，頁 3605。
〔註 9〕見全書年譜，頁 3649。
〔註 10〕見全書年譜，頁 3713。
〔註 11〕見傳習錄中答聶文蔚二。
〔註 12〕見傳習錄中。

在意念上實落爲善去惡。工夫熟後，渣滓去得盡時，本體是明盡
了。汝中之見，是我這裏接利根人的；德洪之見，是我這裡爲其次
立法的，二君相取爲用，則中人上下皆可引入道。〔註13〕

可知陽明立教，上中下接人並重，或從本源悟入，或自工夫修入，是修悟並
重學問。然後學多侈談本體，乏下學上達之工夫，流弊遂生矣。

　　蓋陽明以四有用工夫接中下根人，四無悟本體接利根人。而浙中龍溪，
倡言四無，主從心上立根，悟先天心體爲無善無惡，既悟本體，本體便是工
夫，便是頓悟。其云：

吾人一切世清嗜欲皆從意生。心本至善，動於意始有不善。若能在
先天心體上立根，則意所動自無不善，一切世情嗜欲自無所容。若
在後天動意上立根，未免有世情嗜欲之雜，才落牽纏，便費斬截，
致知工夫轉覺繁難，欲復先天心體便有許多費力處。〔註14〕

知龍溪自先天心體著眼，直接悟入本體，故以良知爲先天現成，當下即是者
也。所謂「良知不學不慮，本來具足，眾人之心與堯舜同」。〔註15〕其薄視經
驗實異於陽明，但主人人皆具良知，主現成而不待修爲，其弊可見矣。

　　陽明良知，因有龍溪泰州而風行天下，亦因泰州龍溪而漸失眞近禪矣。
泰州學派始自心齋，心齋重安身義，每於平素日用處指點良知。而羅近溪、
顏山農、周海門爲其流亞，就中周海門本無善無惡心之體，即爲蕺山駁斥之
對象也。心齋論學，要在安身，以身與道原是一件，故主將良知心體落實日
用之間，如此道身並尊，便是至善，而其本則在安身。其云：

獨未知安身一義，乃未有能止至善者。故孔子透悟此理，卻於明明
德親民中，立起一個極來，又説個在止於至善，止至善者安身也。
安身者，立天下之大本也，本立而末治，正己而物正也，大人之學
也，是故身也者，天地萬物之本也。〔註16〕

心齋論良知，雖重格物以反求諸己以安身，並重學行，然亦主當下戒懼，即
此是道。故未流亦樂趨便易，輕言當下，不重修持矣。

　　浙中、泰州論良知多蹈虛略實，唯江右聶雙江、羅念菴重涵養實踐，黃
宗羲以爲陽明眞傳也。雙江學在主靜歸寂，以主靜歸寂爲工夫，使良知本體

〔註13〕見傳習錄下。
〔註14〕見王龍溪全集卷一、三麗澤錄。
〔註15〕見王龍溪全集卷五雲門問答。
〔註16〕見明儒學案卷三十二、泰州學案一、心齋語錄。

得以充分呈現。其云：

> 夫無時不寂無時不感者，心之體也。感惟其時，而主之以寂者，學
> 問之功也。故謂寂感有二時者，非也；謂工夫無分寂感，而不知歸
> 寂以主夫感者，又豈得爲是哉。〔註17〕

此以即寂即感爲良知，欲呈現此良知，便在用本體歸寂之工夫，歸其寂以主夫感，則良知本體呈現。而念菴亦重守靜歸寂工夫，故重言工夫而不滿龍溪重悟輕修之弊。然雙江、念菴雖重工夫，仍承認「無善無惡心之體」一語。然陽明以無善無惡說心體本爲無誤，而後學諸子並未盡守師說，多分歧而侈言良知不重實學，自有以恣情爲本性，以禮法爲桎梏，終至肆無忌憚而莫之救之弊也。故黃宗羲於明儒學案卷三十二泰州學案一中評云：

> 陽明先生之學，有泰州龍溪而風行天下，亦因泰州龍溪而漸失其
> 傳。泰州龍溪時時不滿其師說，益啓瞿曇之秘而歸之師，蓋躋陽明
> 而爲禪矣。然龍溪之後，力量無過於龍溪者，又得江右爲救正，故
> 不至十分決裂。泰州之後，其人多能赤手以搏龍蛇。傳至顏山農、
> 何心隱一派，遂復非名教之所羈絡矣。

此道出陽明後學侈言良知，輕視實修，但以自反諸心爲學，而置天下國事於不問。時值晚明，上焉者但習靜談性，以求頓悟，或故作奇論以駭俗；下焉者又放蕩恣肆，每出名教之外，其弊皆坐無善無惡心之體一語而起。而蕺山處此尚虛乏實之良知末流學風，自思有所振作，故一面倡明學術以維範世教；一面深致不滿於王門末流，故未直接通過陽明體會良知，而由程朱之學會通陽明，終成其誠意慎獨之學也。

二、重實之東林

晚明自神宗以降，政治愈壞，閹黨與學者漸不相容，至熹宗乃有黨禍之名。溯自萬曆初年錢緒山、王龍溪、羅近溪、李卓吾等相繼去世。〔註18〕而萬曆七年張居正復毀天下書院，摧殘學術。及至東林諸君自負氣節與當道相抗，而顧憲成、孫愼行又連遭罷黜。且天啓年間魏忠賢復刑獄東林，再毀書院，學術氣氛破壞甚巨。然學術種子非惟不熄，反有愈熾之勢。黃宗羲於明儒學案卷五十八序東林學案即云：

〔註17〕見明儒學案卷十七、雙江論學書答東廓。
〔註18〕據麥仲貴、明清儒學家著述生卒年表。

> 京師首善之會，主之爲南皋、少墟，與東林無與。乃言國本者謂之
> 東林，爭科場謂之東林，攻逆閹謂之東林，以至言奪情奸相討賊，
> 凡一議之正，一人之不隨俗者無不謂之東林。若是乎東林之標榜，
> 遍於域中，延於數世。

故數十年來清流遍天下，論學不已者，實明學積厚所致。然此中東林學者，頗異王學。陽明歿後，浙中龍溪，泰州心齋鼓動流俗，風靡天下，意氣頗猖狂。東林即承王門空虛狂妄之弊而起者。其時若泰州焦竑篤信李卓吾，乃謂卓吾未必聖人，然可爲一狂人，許坐聖人之次席；及卓吾猖狂近釋不守禮法等皆緣王門虛妄之弊也，故爲守道者不容。復因朝政不綱，內有變亂，外生叛賊，宦官弄權殘害忠良，國勢傾在旦夕，故東林學者一反王門空談心性之習，而力倡實踐工夫之學也。

東林以顧涇陽、高景逸爲首，學皆重工夫，提性善之一義，以反對陽明無善無惡心之體一語。涇陽以善爲道德根源，故曰「語本體只是性善二字，語工夫只是小心二字」。〔註19〕如此善即是性之本體，離善言性，則性亡，道德隨之淪喪矣。故涇陽於東林會約中，乃揭知本之旨示學者：

> 知本云何？本者性也，學以盡性也，盡性必自識性始。性不識，難
> 以語盡；性不盡難以語學。尊視乎善，君子好其實，將日孜孜焉，
> 望而趨之；小人畏其名，將日惴焉，而不敢肆。是故以性善爲宗，
> 上之則羲堯周孔之所自出，下之則周程諸儒之所自出也。以無善無
> 惡爲宗，上之則曇聃二氏之所自出，下之則無忌憚之中庸，無非刺
> 之鄉原之所自出。〔註20〕

此段明示東林反王空虛之弊，及重程朱工夫之旨。知善而孜孜於此便是君子，反之便是小人。否則捨性善之說，而主無善無惡，則高者逃空蹈虛，卑者輕狂禮法，世道禮教將破損無遺矣。

涇陽論工夫，主修悟並重。嘗謂「重修所以重悟也。夫悟，未有不由修而入者也。〔註21〕復釋之曰：

> 學不重悟則已，如重悟，未有可以修爲輕者也。何也？舍修無由悟
> 也。學不重修則已，如重修，未有可以悟爲輕者。何也？舍悟無由

〔註19〕見明儒學案卷五十八東林學案一顧憲成。
〔註20〕見東林書院志卷二院規，頁2。
〔註21〕見涇皋藏稿卷十一，虎林書院記。

修也。〔註22〕

而景逸亦主實學，因重實，學乃可藉格物窮理之工夫，以致其知以復其性。故嘗云「由格物而入者，其學實；其明也即心即性。不由格物而入者，其學虛；其明也是心非性」。〔註23〕景逸重實學，故亦反王門良知輕視工夫一端。其云：

> 姚江天挺豪傑，妙悟良知。今其弊略見矣。始也掃聞見以明心耳，究且任心而廢學，于是乎詩書禮樂輕而士少實悟。始也掃善惡以空念耳，究且任空而廢行，于是乎名節忠義輕而士少實修。

此亦強調修悟並重之旨，以反王門重悟輕修之弊也。而東林實踐學風反映於政治，便是清議抗當道，重實以經世。此即涇陽所謂：

> 官輦轂，念頭不在君父上；官封疆，念頭不在百姓上；至於山間林下，三三兩兩，相與講求性命，切磨德義，念頭不在世道上，即有他美，君子不齒也。〔註24〕

蕺山早年即論交東林劉靜之、高景逸，以為生平道交摯友。而蕺山日後學行並重之特色，實多有感於東林重實救世之學風及精神也。

〔註22〕見小心齋箚記、卷十八。
〔註23〕見高子遺書卷八、答方本菴書。
〔註24〕見明儒學案卷五十八東林學案一。

第三章 學術淵源

第一節 主敬承程朱

伊川嘗云「涵養須用敬，進學在致知」。〔註1〕朱子亦云「大抵敬字是徹下之意。格物致知，乃其間節次進步處耳」。〔註2〕可知敬爲程朱工夫論之總綱。明道識仁篇曰：

> 學者須先識仁，‥‥識得此理，以誠敬存之而已。〔註3〕

此以誠敬爲存天理仁道之法。敬以存仁，其工夫義甚明，主在存養本心，以順乎天理也。故明道云：

> 誠者天之道，敬者人事之本，敬則誠。
>
> 中者天下之大本也。天地間亭亭當當，直上直下之正理。出則不是，唯敬而無失最盡。〔註4〕

敬是涵養之工夫，而涵養只是呈現本心不失其眞而已。若小心謹愼，不增不減一毫私欲造作於此間，自然心安體泰天地位、萬物育矣。故明道以愼心中之獨釋敬曰：

> 孔子言仁，只說出門如見大賓，使民如承大祭。看其氣象，便須心廣體胖，動容周旋中禮自然。惟愼獨便是守之之法。聖人修己以敬，以安百姓，篤恭而天下平。惟上下一於恭敬，則天地自位，萬

〔註1〕見二程遺書、第十八。
〔註2〕見朱子文集、卷四十三、答林擇之書。
〔註3〕見二程遺書、第二上、二先生語上。
〔註4〕見二程遺書、第十一。

物自育，氣無不合，四靈何所不至。〔註5〕

蕺山論敬，亦主敬只是存天理，使天理原本呈現，不加一毫虛僞造作。如此以敬存天理，本身即天理矣。故蕺山曰：

> 然誠敬爲力，乃是無著力處。蓋把捉之存，終屬人爲，誠敬之存，乃是天理，只是存得好，便是誠敬，誠敬就是存也。〔註6〕

伊川論敬有重涵養意志方向者，涵養此中使其循理，亦敬之一義。其云：

> 敬是閑邪之道。閑邪存其誠，雖是兩事，然亦只是一事。閑邪則誠自存矣。〔註7〕

伊川又以主一釋敬，意謂無事時，但任本心發露，無事即無事，勿使橫生枝節，即此中便是天理也。故云：

> 敬，只是主一也。主一則既不之東，又不之西，如此則只是中；既不之此，又不之彼，如此則只是內；在此則自然天理明。〔註8〕

此主一只是本心合理，不爲外物所逐感，能定向於逐物前之意。既能自覺定向於發用前，故亦非虛靜。伊川云：

> 敬則自虛靜，不可把虛靜換作敬。〔註9〕
>
> 又問：敬莫是靜否？曰：纔說靜，便入於釋氏之說也。不用靜字，只用敬字；才說著靜字，便是忘也。〔註10〕

以靜爲虛妄，故不若敬字有本有方向。則主一便是敬之功能，謂心只在一處，不爲思慮所亂，無事時一心，有事時亦一心，如此居處自恭執事必敬，天理亦明矣。伊川復云：

> 所謂敬者，主一之謂敬；所謂一者，無適之謂一。……易所謂敬以直內，義以方外；須是直內乃是主一之義。至於不敢欺，不敢慢，尚不愧於屋漏，皆是敬也。但存此，涵養久之，自然天理明。〔註11〕

蕺山亦有承伊川以主一釋敬者，以中爲道體，即一之宅，常主此中勿使他往，便是主一便是敬也。蕺山云：

〔註5〕見二程遺書、第六。
〔註6〕見劉子全書卷十學言上，頁571。
〔註7〕同註31。
〔註8〕見二程遺書、第十五。
〔註9〕同註38。
〔註10〕同註31。
〔註11〕同註38。

至允執厥中方以工夫言。中者，道之體也，即精一之宅也。允執
者，敬而已矣。敬以敬此明，是謂常惺惺，敬以敬此誠，是謂主一
無適。〔註12〕

朱子承二程之後，亦主「涵養須用敬」一義。而以主一亦貫動靜言，未發時敬
體須涵養之，已發則能省察。如此動靜語默，由內而外，無一不敬矣。故云：

敬字通貫動靜；但未發時渾然是敬之體；非是知其未發，方下敬底
工夫。既發則隨事省察，而敬之用行焉；然非體素立，則其用亦無
自而施也。故敬義非兩截事。必有事焉而勿正，勿忘勿助長，則此
心卓然貫通動靜；敬立義行，無適而非天理之正矣。〔註13〕

蕺山亦云「敬該動靜。靜坐端嚴，敬也。隨事檢點致謹，亦敬也；敬兼內
外」。〔註14〕如此程朱以涵養主一、勿忘勿助之修養工夫義釋敬者，實即蕺山
主敬本旨（詳見成學篇第一章第六節）也。蕺山自年二十六師許敬菴秉承主
敬工夫以來，後雖有愼獨誠意之轉進，然主敬工夫嘗一日間斷。而日後人譜
之作，即其主敬工夫之表彰也。

第二節　主靜契濂溪

　　蕺山五十七歲著聖學宗要，特重濂溪主靜立人極一旨，爲其愼獨學旨之
所歸。蕺山嘗云：

聖學之要只在愼獨。獨者，靜之神，動之機也。動而无妄曰靜，愼
之至也，是謂主靜立極。〔註15〕

濂溪主靜立人極之旨，在以太極不變之理，作爲人道之極則。其著太極圖
說，首言宇宙萬有生化之因，歸結於人本太極。蓋人爲萬物之靈，聖人又以
中正仁義立身，而其工夫則以靜爲本。聖人即此樹立人性之極則，而與天地
合德、日月合明，以知生命終始之理。其太極圖說謂：

無極而太極，太極動而生陽，動極而靜，靜而生陰，靜極復動。一
動一靜互爲其根。分陰分陽，兩儀立焉。惟人也，得其秀而最靈，
形既生矣，神發知矣，五性感動而善惡分，萬事出矣。聖人定之以

〔註12〕見劉子全書卷十二學言下，頁747。
〔註13〕見朱子文集、卷四十三、答林擇之書。
〔註14〕見劉子全書卷十學言上，頁589。
〔註15〕見劉子全書卷十學言上，頁564。

中正仁義，而主靜立人極焉。〔註16〕

人必以中正仁義律己治人，而修養成聖之法，便在主靜。而主靜者，濂溪以為無欲故靜也。其通書亦云：

> 動而無靜，靜而無動，物也。動而無動，靜而無靜，神也。動而無動，靜而無靜，非不動不靜也。物則不通，神妙萬物，水陰根陽，火陽根陰，五行陰陽，陰陽太極，四時運行，萬物終始，混兮闢兮，其無窮兮。〔註17〕

謂物於動時只有動而無靜，於靜時只有靜而無動。其為物也，即定於此，便不能是彼；即於彼，又不能為此，故曰物則不通也。唯太極則動而無動，即動中亦靜；靜而無靜，即靜中亦動也。太極之陰中有陽，陽中有陰，此所謂神妙萬物也。

太極圖說首言「無極而太極」，非指太極外，別有一無極。蓋以太極指體，兩儀指用，而謂太極生兩儀，則是體能生用，體用兩分，則一陰一陽非道矣，知濂溪以太極兩儀義各有當，非並列之辭。既以太極陰陽分別體用，然恐人以用外又有體，故提無極二字，謂太極本無極，本無此太極之謂也。故體不離用而獨存，體雖可分說，實不相離也。濂溪即本此以明萬物一體之義。其論人極，乃曰「聖人定之以中正仁義而主靜，立人極焉」。蓋人本有其特殊之限制，而人生標準亦循此而立，一切常軌皆可把握。動而無妄動，不盲動，則動亦如靜，故謂主靜立人極也。

蕺山人譜云「探性命之微，備身心之奧旨，大而五倫，細而百行，無不通貫於其中，而終之以遷改作聖，要不越主靜以立極」。〔註18〕人譜用功處只在一微處之獨體，能慎此獨體，即是主靜立極也。而蕺山即以濂溪太極恆靜不變以立人極之理，項說其動中有靜，靜中有動終歸於靜之慎獨說，知蕺山慎此獨體之教，實源於濂溪主靜立極一旨也。故曰：

> 周子主靜之靜，與動靜之靜迥然不同。蓋動靜生陰陽，兩者缺一不得。然則何以又一個靜字？曰：只為主宰處著不得註腳，只得就流行處討消息，亦以見動靜只是一理，而陰陽太極只是一事也。〔註19〕

〔註16〕見宋元學案卷十二、濂溪學案下。

〔註17〕同註46。

〔註18〕見人譜類記馬傳煦序。

〔註19〕見劉子全書卷十學言上，頁593。

第三節　太極源橫渠

　　北宋周張二程皆善論宇宙，就中橫渠以氣爲聚散萬物之原，萬物由氣組成，離氣無物，離物無氣。蕺山以太極爲萬物總名，即氣言理，離氣無理之太極說，實承橫渠而發也。橫渠論氣云：

> 氣塊然太虛，升降飛揚，未嘗止息，易所謂絪縕，莊生所謂生物以息相吹野馬者與！此虛實動靜之機，陰陽剛柔之始。浮而上者陽之清，降而下者陰之濁。其感遇聚散，爲風雨，爲霜雪，萬品之流形，山川之融結，糟粕煨燼，無非教也。〔註20〕

橫渠所謂太虛者，本指空間言。蓋常人之見，皆以聲臭形體求物，故計色曰有，計空曰無。然此太虛實爲一氣所充盈，唯人只以成形可見者爲有，未成形不可見者爲無。橫渠言太虛便在辨通有無之一見也。其謂太虛之氣，先天地而有，此氣具浮沈動靜相感之性，遇機乃化生萬物。故宇宙不已之生化，實即太虛一氣之變化。故橫渠云：

> 太虛不能無氣，氣不能不聚而爲萬物，萬物不能不散而爲太虛，循是出入，是皆不得已而然。〔註21〕

如是有無相通，人即此而出，知太虛即氣，就中有無隱顯實通一無二也。蕺山盈天地間只一氣者，亦承此而發也。

　　然自氣之本體言，雖是太虛而無形，且其陰陽之變化，又皆順而不妄者，在於其升降動靜相感之性，此性復寓於每物之中。故太虛一氣之變化，便生清氣與濁氣。然太虛之氣本清，及形後方濁也。其云：

> 太虛爲清，清則無礙，無礙故神。反清爲濁，濁則礙，礙則形。凡氣清則通，昏則壅，清極則神。〔註22〕

太虛之氣本清故不拘於形而可通，而濁則拘於形而有礙矣。通則變化莫測謂之神。礙則固於某形，但成糟粕而已。橫渠又云：

> 有無虛實，通爲一物者，性也。感者，性之神。性者，感之體。惟屈伸動靜終始之能一也。故所以妙萬物而謂之神，通萬物而謂之道，體萬物而謂之性。〔註23〕

〔註20〕見張子全書正蒙太和篇。
〔註21〕見宋元學案卷十一、濂溪學案上蕺山註語。
〔註22〕見宋元學案卷十一、濂溪學案太極圖說蕺山註語。
〔註23〕見張子全書正蒙乾稱篇。

氣之所以能屈伸動靜相感者，在涵宇宙共具之性，即天地之性。及物成形，則宇宙天地之性雖在其中，卻因礙而難通，即氣質之性。人性本由太虛之氣來，自應有善而無惡，而事實不然者，蓋緣氣質之性也。然人心本太虛來，自爲諸物氣質之最清靈者，果加以克己修爲，以復天地本性，氣質自不足礙矣。故云：

> 形而後有氣質之性，善反之，則天地之性存焉，故氣質之性，君子有弗性焉者。〔註24〕

橫渠由太虛一氣，建立其一元之宇宙論，乃有萬有一性之說。然人爲氣質之雜，故欲變化氣質以復天地本性，蕺山即承其心性工夫並重之說，亦主盈天地間只一氣而已。其云：

> 吾遡之未始有氣之先，亦無往而非氣。當其屈也，自無而之有，有而未始有；及其伸也，自有而之無，無而未始無。非有非無間，而即有即無，是謂太虛，又表而尊之曰太極。〔註25〕

蕺山以太極代替橫渠之太虛，其年六十論辯太極時，即提出其「道理皆從形氣而立，離形無所謂道，離氣無所謂理」。〔註26〕即氣言理之太極說。以爲太虛一氣之運轉，萬有生化不已者，實皆本此氣也。故云：

> 盈天地間一氣也。氣即理也。天得之以爲天，地得之以爲地，人物得之以爲人物，一也。故曰萬物通體一太極，物物各具一太極。自太極之統體而言，蒼蒼之天亦物也；自太極之各具而言，林林之人，芸芸之物各有一天也。〔註27〕

如此以萬有皆氣，即氣以言理，乃爲蕺山誠意愼獨之輔說（詳見成學篇第三章第三節）進而至以義理之性乃氣質之本性者，則又將橫渠本善清氣之天地之性，與習染濁氣之氣質之性，打通爲一。即以蕺山即理即氣之氣質之性，包舉橫渠天地之性矣。則蕺山不僅承橫渠太虛一氣之宇宙論，且進而建立即活動即存有，收攝萬有爲一太極之誠意教也。

〔註24〕見張子全書正蒙誠明篇。
〔註25〕見劉子全書卷十一學言中，頁639。
〔註26〕見劉子全書年譜，頁3613事。
〔註27〕見劉子全書卷十一學言中，頁640。

第二篇　師友篇

第一章　早年時期

孟子曰：「頌其詩，讀其書，不知其人可乎？」蕺山生當明季末世，先歷清流黨爭，後遭易代鼎革；學亦完成於良知誠意絕續之際，涉此常變並存之境，其所受時代背景促成者不爲不多也。其中生平論交師友，尤爲促其成學之重要助緣。蓋未自我立說前，成學取向操之於師友，朝東向西取決於人也；及立說後，雖可自我取捨定向，然諍友助其反省，同好益堅其志。如此默契方寸，方能相應千里，師友於其成學之功大矣。

蕺山成學粗分早、中、晚三期，可明其思想之超拔與一貫處。而其成學師友，若以論交年代區分，亦大致符此三期。故早期以問學師友，東林諸君爲主，以見學術黨爭之關聯處。中期重在白馬山房諸友。晚期則重蕺山問政後，相與論學治事之諸友，以表明季將傾人心國運之一般。蓋問學師友，可明其學術取向，以見蕺山學行之合一；論政諸友，可見蕺山學優則仕，以學救政之行止。故冀透過平生論道爲政諸師友小傳，能落實地表出蕺山學政並進之成學經過也。其師友範圍，以文集所見，曾相交往者爲範圍。三期師友。略以交往年代排列，後以性質區分之。各小傳中，先述人物年里字號宦歷事跡，次及諸人之學術與相交始末也。

第一節　問學師友

（一）章　穎

字叔魯，號南洲，會稽人。宗周外祖也。

少從謝狷齋，徐九里受易，肆力於經術，爲易名家，教學量人材器而程

之，高者抑之，下者舉之，及門者不下千餘人，登第者數十人。九十之年猶爲諸族孫授經，周寧宇以爲伏生再出也。若周寧宇、陶望齡、郭蒙吉皆出其門下。

蕺山十歲從穎學，每晚侍膳，穎琅琅談古人忠孝節義，蕺山心儀之，幼即恥爲干祿學。蕺山十三歲嘗病目，經史皆穎口授。穎律己甚嚴，學止循禮，雖造次不設惰容，而心事磊落如晴空，胸次洞然無隱伏，皆蕺山之身教也。著有「易解」已佚。蕺山穎之外孫，然不敢言戚，以師道事之，贊穎爲「師道立而善人多」也（紹興府志卷五十三，劉子全書卷四十南洲先生傳）。

（二）馮　琦（1558～1603）

字用韞，號琢菴，臨朐人。

萬曆五年進士。累官禮部尚書，抗直敢言，力抑營競。琦明習典故，學有根底，究心歷聖典謨講求有用之學爲疏深婉，冀以誠悟主。以士大夫崇釋氏，故主士子應試用佛書者罰，而蕺山亦反釋者。二十九年，琦爲吏部侍郎，與曾朝節，孫如游總裁會試，擢蕺山一百二十九名，賜同進士。後帝欲用爲相，以沈一貫揭其年少罷，卒年四十六，諡丈敏。崇禎十五年，朝廷擢蕺山吏部尚書，蕺山北進候旨次臨朐，有憶琢菴師門四十年之祭文（全書卷二十三祭馮琢菴座師文）。

琦著有北海集，宗伯集，經濟類編等（明史卷二一六，光緒臨朐縣志卷十四上，明名臣言行錄卷七十四，全書卷四十年譜）。

（三）曾朝節（1535～1604）

字直卿，號植齋，臨武人。

萬曆五年進士。二十九年掌翰林院事禮部侍郎，與吏部侍郎馮琦，編修孫如游，總裁禮部會試，拔擢蕺山爲第一百二十九名，旋應殿試，賜同進士出身。累官至禮部尚書，充東宮侍講，年七十卒，諡文恪。著有易測，紫園草（全書卷四十年譜）。

（四）孫如游

字景文，號鑑湖，餘姚人。

萬曆二十三年進士。二十九年會試任編修，擢蕺山登進士第。蕺山師事之二十餘年，萬曆四十五年蕺山尚有壽座師孫鑑湖七十詩贈之。並代如游爲年友劉起東作「陳太母徐安人七十序（全書卷二十七）」。如游累官禮部侍

郎，部事叢積，如游遣無滯，嘗疏禁白蓮教。光帝立，如游請建東宮。俄帝諭封鄭貴妃爲太后，李選侍爲后，皆執禮爭不可。熹宗朝，官東閣大學士，入參機務。歸家四年卒。如游任事然不立黨，蓋亦蕺山之明燈也（明史卷二四〇，紹興府志卷四十九，全書卷二十七壽孫鑑湖先生三首，全書卷四十年譜）。

（五）許孚遠（1535～1604）

字孟中，號敬菴，德清人。

嘉靖四十一年中進士，授南京工部主事，講學留都。隆慶初起廣東僉事，值廣有倭警，發策水陸夾攻，招降大盜李茂，許俊美，擒倭黨七十餘。神宗時知建昌府，暇輒集諸生講學，以鄒元標薦爲陝西提學副使，以身範士，考核肅然。後巡撫福建，遷南京兵部侍郎，卒贈南京工部尙書，諡恭簡（明史卷二八三）。

其治學初以反身尋究爲功，而以克己爲要，學自唐一菴，平時克己操持，曾會徐魯源，徐曰：

> 年兄言動尚有繁處，這裏少凝重，便與道不相應。
>
> 孚遠悚然拜去，益加反躬（敬和堂集，蘭江退盟）。

孚遠又篤信良知，而惡夫授良知以入佛者。知建昌時，與羅汝芳講學不合，及官南京，與汝芳門人楊起元，周汝登並主講席，持論不同，觀者頗議論逐歸家講學（明史卷二八三，浙江通志卷一七五）。

時汝登以無善無惡爲宗，孚遠作「九諦」以難之，而汝登作「九解」答之。從孚遠遊者，尙有馮從吾，丁元薦等。著有敬和堂集。

孚遠雖服膺陽明，然學本湛甘泉門人唐樞，故亦重篤實。蕺山年二十六由陳植槐介紹，問爲學首要於孚遠，許以「存天理遏人欲」，語云：

> 人心本來具此生理，名之曰仁。此理不屬血氣，不落形骸，故直言克己。己私一克，天理具存，視聽言動各有當然之理，故云復禮（敬和堂集，原學篇二）。

蕺山遂師事之。蕺山請爲太夫人傳，孚遠書以「敬身之孝」勖之。遂終身守敬，自此勵志聖學。

孚遠之學，不貴談說，而貴躬行；不尙知解，而尙體驗。生平質直不藻飾。乏委曲，事至立斷，身所行如所講，常以身驗學。遇人無厚薄，咸吐誠，磊落可喜，蓋自謂學所得如此（兩浙名賢錄卷四）。

蕺山年二十七過德清謁師，孚遠因論爲學不在虛知，要歸實踐，而蕺山之不枉己殉人，正學孚遠也。蕺山師事孚遠二載，而孚遠卒，師事雖短，然受其主敬與存理遏欲之程朱學說，實爲蕺山入道基礎也。

（六）劉永澄（1576～1612）

字靜之，一字練江，寶應人。

八歲讀正氣歌衣帶贊。即立文公位，朝夕展拜，謂大丈夫當如是。年十九會試罷歸，築土室讀書，以古聖賢自期。萬曆二十九年進士與蕺山同榜。補順天儒學教授，嚴課程飭行檢，北方學者稱淮南夫子；遷國子監學正。數以史事切疾上言。丁母憂，苫塊三年。起兵部職方主事，病不能赴，嘔血卒，年三十七（寶應縣志卷十一）。

永澄與東林諸君憲成，攀龍友，爲性命交。年三十一師事顧憲成，定交丁元薦，劉蕺山等，互參性命微言，有劉練江集。其學以刻苦自勵爲歸，以裨益人心世道爲驗。嘗晤蕺山於西湖，其論交際則曰「餓死甚小，失節甚大。」論出處則曰「立乎人之本朝，而道不行恥也」蕺山以爲匡己之不逮（全書卷二十三祭文）。

其持論疾切，與其狂者性質，尚友千古之天性有關，而孟子集義乃永澄學問入手處。其講學之餘，喜觀史，讀書不重文章功名，唯心豔振絕今古之名節行誼，學問根深，不涉浮泛。其學問淵源宗朱紫陽，而風節行誼亟慕當朝羅一峰，鄒吏目二先生如此漸摩濡染，學益嚴邪正之辨，如謂：

> 聖賢只在好惡前討分曉，不在好惡時持兩端，如慮好惡未必的當，好不改到十分好，惡不敢到十分惡，則子莫之中，鄉原之善耳（練江集，好惡篇）。

永澄曾邀蕺山訪憲成，以憲成卒罷，乃造高攀龍，此蕺山與東林交遊之始也。

及永澄卒，蕺山概言其學行生平曰：

> 永澄之於學，真欲無一處可指空缺而後已，而其心亦幾無一處之空缺。其神苦，其魄大，其氣銳，絕塵而往，一日千里，不勝髓竭力耗以死也（全書卷十八，請劉永澄諡典揭）。

（七）周應中（1539～1629）

字正甫，號寧宇，會稽人。

隆慶辛未進士，授元氏令，調真定。因滹沱河通水利，教民種稻，北方

水田始此。後忤居正，調湖廣崇陽縣，度田畝，均賦役，民皆感德，因呼爲周田。後以大計落職，家居二十餘年，都御史艾穆疏薦累陞山西僉事。再起湖廣僉事，治荊南三年，導宗室以禮，繩官吏以法，風采卓然，終以抗疏自理，被嚴旨歸。卒年九十（紹興府志卷四十九）。

寧宇爲蕺山同鄉，立朝忠清一節，有古社稷臣風，居恒極敬禮之，年高碩德，爲前輩典型。蕺山云其早年意氣豪舉，不可一世。中更困折，深自惕厲，忽一變爲溫恭，矯情警惰，時時若將不及。顧專心於內，歛跡韜藏。其深造自得，有人所不及知者（遺編卷七光祿寺少卿周寧宇先生行狀）。

萬曆三十五年，應中年六十八，蕺山年三十，始於鄉往來者，僅王積齋，陶石簣、應中三人。蕺山謁攀龍後，益反躬近裏，從事治心之功，應中即其道友五者之一（劉子全書卷四十年譜）。而蕺山子汋行冠禮，復古禮以行，特請應中爲賓，蓋同重禮也（劉子全書，年譜錄遺）。

崇禎三年，壽終於家，次年蕺山往弔有詩輓之「暇日每歌元亮句，晚年深契道州傳」「獨與群賢留晚翠，終令兩浙起頹波」（劉子全書卷二十七居越詩）。

（八）周汝登（1547～1629）

字繼元，號海門，嵊縣人。

萬曆丁丑進士，初爲南京工部，榷稅不及額，讁兩淮鹽運判官，累官尙寶卿（明史卷二八三）。

少讀書過目不忘，年十四而孤，年二四聞道王龍溪，因學陽明，已見近溪，七日無所啓請，偶問如何是擇善固執，近溪曰「擇了這善而固執之者也。」近溪嘗示之法苑珠林，觀而竦然若鞭背，乃供近溪像，事之終身（明儒學案卷三十六）。

方是南都講會，拈天泉證道一篇相發明，許敬菴言無善無惡不可爲宗，作九諦以難之，汝登爲九解以伸其說（嵊縣志卷十三，明儒學案三十六）。

其無善無惡即釋氏之所謂空也，爾後顧涇陽、馮少墟皆以無善無惡一言，排疑陽明也。其學源自心齋，徐樾，顏鈞，羅汝芳而來，更欲合儒釋而會通之，輯聖學宗傳，盡採先儒語類禪者以入也。著海門先生集、東越證學錄，聖學宗傳、王門宗旨等（嵊縣志卷十三，明史卷三十六）。

汝登爲政以教化爲先，不事刑罰，嘗會郡士於陽明祠曰：

> 陽明遺教俱在，正當以身發明，從家庭門竭力，必以孝悌忠信爲根

基，勿為聲色貨利所玷染，習心浮氣消融務盡，改過知非，絲毫莫縱，察之隱微，見之行事，使人知致良知之教（嵊縣志卷十三）。

教人貴當下直接，指點宗門，以禪八良知講學。嘗云：

心性有兩名，而無兩體，知是知非之謂心，不識不知之謂性，似有分矣，然而不識不知，非全無知識之謂，即知是知非，而不可以知識言也。知而無知，無知而知，是之謂良知（東越證學錄卷六，王門宗旨序）。

海門盛講良知於越，蕺山少時頗欲受教及門，然汝登敭歷仕途，終至雲泥相失，未成師生。越中良知學由陽明而龍溪，而周汝登及陶石簣，皆以良知為宗，而遞衍遞失其旨。及石簣弟石梁以「識得本體則工夫在其中」。仍夾禪說良知，蕺山與之駁難終身也。蕺山贊其云：

先生於陽明之學，篤信而謹守之，由禰而祖，一嫡相承，讀其書，宗旨有述，宗傳有編，一時學士大夫又相與維持左右，於無弊（劉子全書卷二十三，祭周海門先生文）。

（九）陶望齡（1562～1609）

字周望，號石簣，晚號歇菴居士，諡文簡，會稽。

少有文名，年九歲即終日匡坐與兄問答，皆世外語。萬曆十七年進士，授翰林編修。妖書之役，四明欲以之陷歸德江夏。石簣至南中主試至境，造四明之第，責以大義，故沈郭得免之。在詞垣，與同官焦竑、袁宗道、黃輝講性命之學，精研內典。起國子祭酒，以母病不出，甫百日，亦遘疾卒。諡文簡（明史卷二一六，浙江通志卷一七六，明儒學案卷三十六）。

少師從蕺山外祖章穎。平生服膺文成之教。於宋悅慈湖，於當代悅龍溪，近溪，各輯其語錄。曾曰「慈湖師陸，文成之所自出，餘子皆文成之裔也」學自周汝登，而汎濫方外，以為明道。陽明於佛氏，陽抑陰扶，蓋得其彌近理者，不究毫釐之辨。浙東風從，皆先生引進張皇也。然於妖書之事，犯手持正，全不似佛氏舉動。蓋學始從儒術，後雖談玄說妙，及至行事，仍舊用本來心思也。有水天閣集，歇菴集（本朝分省人物考卷五十一，列朝詩集小傳丁集下，明儒學案卷三十六）。

蕺山年二十四，太夫人喪，石簣以南洲外祖門人來弔，見蕺山哀毀骨立，乃歎曰：

教衰禮壞久矣，吾未見有善喪如劉君者也，始如瘠，繼如遺，既如

追（歇菴集卷九，贈秦台劉君配章孺人墓誌銘）。

萬曆三十五年，蕺山年三十，親操田畝，足跡不至公庭，即造廬者拒弗見，鄉士大夫往來者，僅石簣，周寧宇，王泮三人而已。三十七年，石簣卒，蕺山續與其弟石梁友云（劉子全書卷四十年譜）。

（十）王　泮

字宗魯，號積齋，山陰人。

嘉靖乙丑（四十四）年進士。萬曆八年知肇慶府，未嘗疾言而確然有執。延見有禮，爲民興利，起學校，有善政。十六年遷湖廣參政。萬曆三十六年，蕺山年三十，授書甚嚴，造廬者皆拒見，來往者僅泮，周寧宇及陶石簣三人而已（全書卷四十年譜）。

泮性恬淡，自奉如寒士，居官廉潔。焚香靜坐若禪室，詩辭沖雅，書法遒麗宗二王，尤善小楷（紹興府志卷五十四，本朝分省人物考卷五十一，兩浙名賢錄）。

（十一）趙士諤

字謇卿，吳江人。

萬曆二十九年與蕺山同登進士。知會稽縣，勤政嚴訟而緩徵輸。三十六年，士諤屢與蕺山通好，一日造榻問疾，見敝衾破罐，謂蕺山乃梁伯鸞，管幼安以上人物也。四十年典試陝西。四十五年爲考功郎中，時徐紹吉，韓浚欲斥蕺山，士諤獨不可，謂昔至蕺山家，見其清操絕人，今不當掛吏議，徐、韓乃止（全書卷四十年譜及錄遺）。累官右僉都御史。

士諤貧而力學，與人交多氣誼，不干時名，詩文澹遠眞率，如其爲人。時東林盡斥，而蕺山乃清流眉目，逆閹深疾而獨免黜，乃士諤力救之故也（吳江縣志卷二十八）。

（十二）陸　典

字以建，號仰峰，崇德人。

典自幼孝友篤實，不襲浮華，受學於李見羅，日究濂洛關閩之傳。萬曆二十九年與蕺山同榜進士。知江西贛縣，調豐誠，爲政勤勞，以誠心廉節爲主。暇與諸生講明性學。改山東定陶縣，入員外郎郎中，恤刑畿輔，多所平反。出知潮州府，民戴之，以爲韓昌黎復生。萬曆四十一年，蕺山有與陸以建友書五通。以建論學先提主腦，不喜言工夫邊事。一涉省察克治，必掃除

之，蕺山則答以「聖學要旨，攝入在克己，即大中之旨。攝入在愼獨，更不說知說行。」蓋陸重本心、劉重省治也（全書卷十九，遺編卷四）。典勤愼清介，動循矩矱，其論格物歸仁之理，多前賢所未發也。每歌云「箇箇人心有仲尼，自將心地苦遮迷也」（本朝分省人物考卷四十五，嘉興府志卷六十）。

（十三）朱燮元（1566～1638）

字懋和，號恒岳，山陰人。

萬曆壬辰（二十）進士。由大理評事歷官四川布政使。天啓中以永寧奢崇明及貴州安邦彥反，燮元以兵部尙書兼督貴州雲南廣西諸軍務，移鎭遵義，又平賊安位，加少保，崇禎中官少師，十一年卒於官，年七十三。

燮元生而器偉神清，讀書警敏，居恒韜藏，謹守繩墨。久鎭西南，行軍務持重，不妄殺人，苗民懷之通風占術，尤長知人，季試拔姚希孟，汪起鳳等。蕺山奉爲鄉先輩，以爲本朝經濟名臣也。有督蜀疏草，朱襄毅疏革（明史卷二四九，啓禎野乘卷六，吳縣志卷六十三，紹興府志卷四十九，全書卷二十二，兵部尙書右都御史恒岳朱公墓志銘）。

（十四）李廷諫（1554～1640）

字信卿，號文源，江西吉水人。

萬曆癸卯（三十一）與子邦華同舉於鄉，援廣德州學正，遷國子博士，陞大理寺評事，改刑部浙江主事晉郎中，皆南京也。廷諫性醇實，議論本之不恕。以樸實報國，教子邦華，同軍鄒元標推爲前輩素風。篤行力學，究性命之旨。嘗曰：「古人言行不媿影，寢不媿衾，不知經幾許磨練得來。」（全書卷二十二文源李公墓志銘）主競業於踐履，學歸之質行，又須從幽獨中，細加簡點，方可直證本體。以爲天下本無現成之良知也。與顧憲成，高攀龍，蕺山講論正學，至老不倦。廷諫事母孝，性澹泊，戒子竭力王事，勿以親老爲老。盡忠即盡孝也。自休致以來，日遨遊青螺白鷺間，卒八十六。

（十五）來斯行（1567～1633）

字道之，號槎菴，又號馬湖，蕭山人。

萬曆丁未（三十五）進士，授刑部主事，時代藩爭立，斯行上疏禁開廢立之端。典試廣西忤要津歸。天啓二年白蓮教倡亂，身率將卒破之。崇禎六年，擢福建右布政，忤當事歸，崇禎六年卒，年六十七（紹興府志卷四十九，蕭山縣志稿卷十四）。

斯行論道出入二氏之旨，以達於孔孟。師事周海門，講良知之學。蕺山幼即聞斯行學博性狂，後交斯行於友邸，復十年蕺山歸里，斯行亦往訪論學，以爲「太虛以內無一非知，是爲致知，太虛以內無一是物，是爲格物」也。著有論語頌，四書答問，經史典奧，槎菴集等（全書卷二十二福建右布政使馬湖來公墓志銘）。

（十六）姜士昌

字仲文，號養沖，丹陽人。

萬曆八年進士。除戶部主事。進員外郎，疏擢鄒元標李三才，以厲士節。江西參政，疏諷李廷機，謫廣西僉事，再降興安典史。士昌好學勵名節，居恒憤時疾俗，欲以身挽之。雖居散僚，數有建論，竟齟齬以終。天啓元年卒年六十一（明史卷二三〇）。

士昌蕺山老友也，蕺山謂其理學行誼風節文章，冠冕一時。通籍以來與名賢正人定交，以世道自任。萬曆十五年，左右顧憲成講學東林黜浮崇實。嘗云「性命之學，政無取於高談，四端中於羞惡辭讓是非處，不見譏於有道，便是眞講學。」蕺山諱之也（全書卷二十二江西布政使姜養沖墓表，重修丹陽縣志卷十七）。

第二節　東林諸君

（一）孫丕揚（1533～1614）

字叔孝，號立山，富平人。

嘉靖三十五年進士。授行人，以厭嚴嵩不赴。擢御史，歷按畿輔淮南，有風裁。萬曆初，擢右僉都御史，嚴以爲治。後拒張居正心腹，忤居正引去。萬曆二十二年起吏部尙書，百官無敢干私者。尋以趙文炳事，抗疏自雪歸。復起故官，三十九年，以自首趨朝，當薦賢以報國，先後推轂顧憲成、高攀龍等，時丕揚亦薦蕺山起吏部原官。四十一年丕揚以黨東林去，蕺山上修正學疏，申丕揚、憲成於朝。後帝以丕揚廉直，復起官，以年邁歸，卒年八十三。諡恭介。著有格物圖，論學篇，立山詩等（明史卷二二四，富平縣志稿卷五，全書卷四十年譜）。

（二）高攀龍（1562～1626）

字存之，號景逸，無錫人。

少讀書有程朱之志，萬曆十七年進士，出趙南星之門。張世則進所著大學初義，詆程朱章句，請頒天下。攀龍上書力駁其謬，其書遂不行。時當國者頗持異同，部院大臣多以不合去國，至是謫趙南星等。攀龍抗疏，遭讒謫揭陽典史。既歸水居漆湖，會顧憲成以言事罷，因相與修復東林書院，讀書講學垂三十年。

天啓初年光祿丞，孫慎行以「紅丸」事攻舊輔方從哲。攀龍引春秋首惡之誅，論從哲之罪。從哲輩摘語激帝怒，將加嚴譴。葉向高力救得免，遷太僕寺卿。都御中鄒元標，馮從吾建首善書院於京師，攀龍時與講會。

熹宗立，官左都御史，發崔呈秀穢狀，為魏所惡，削籍歸，毀天下書院。及逮周順昌并攀龍等人，聞訊笑曰：「吾視死如歸，今果然矣。」遺書自沉園池。遺表云：「臣雖削奪，舊為大臣，大臣受辱則辱國。謹北向叩頸，從屈平之遺則。」則門人華允誠書：「一生學問自此少得力，心如太虛，本無生死，何幻質之足戀乎。」年六十五，諡忠憲（明史卷二四三，無錫縣志卷二十一，東林列傳卷二）。

學本朱子主敬格致之說，嘗曰：「善學孔子者，無如朱子。」時海內學者率宗陽明，攀龍心非之，著無善無惡辨。學本於靜，以真知實踐為主，一出於正（東林列傳卷二）。

讀大學見朱子曰：「八道之要莫如敬」遂一以整齊嚴肅為主。於赴謫所舟中，即嚴立規程，靜坐與讀書互用也。又以格物致知為大學入門第一義。攀龍自謫所假差歸與李材辨論，意謂格物致知是大學入門第一義，即中庸之明善也。所以使學者辨志定業，曉然知人為己，義利公私之界者，端在於此，初學下手必從此始（明儒言行錄卷三高攀龍）。

攀龍學以程朱為主，以主靜為主，以知本實踐為宗，以居敬窮理為終身定業，從游者令靜坐以養氣，主學必由格物入也，因反王門末流空言良知之敝者。

蕺山三十五歲訪攀龍相與論學，有問學之書，論居方寸，窮理，及儒釋異同與主敬之功。蕺山自此反躬近裏，從事治心。劉書已佚，今就高子遺書中答蕺山者，略見議論：

> 方寸即宇宙也。世人漫視為方寸耳，顧非窮究到名言不立之地，為名言而已。非存養於思慮未發之先，為思慮而已。名言思慮為憧憧之朋從而已（高子遺書卷三論學書，東林學案一）。

論窮理則曰：

> 理者心也，窮之者亦心也。但未窮之心，不可爲理，未窮之理，不
> 可爲心。此處非窮參妙悟不可，悟則物物有天然之則。日用之間，
> 物還其則，而己無與焉，如是而已（高子遺書卷三論學書，東林學
> 案一）。

其居恆嚴駁禪學，以爲聖人之學異釋氏，惟一性字。聖人言性，異於釋氏，
惟一理字。蕺山四十五歲過首善書院，暇日必與高論道，或有以高歿書有「心
如太虛，本無生死」句，以爲近禪，蕺山爲之駁正云：

> 至云心如太虛，本無生死。先生心與道一，盡其道而生，盡其道而
> 死，是謂無生死。非佛氏所謂無生死也。往歲嘗遺余書曰：「吾輩有
> 一毫逃死之心，固害道。有一毫求死之死，亦害道。」此金針見血
> 語，求先生於死生之際者，當以此爲正（劉子全書卷二十一，書高
> 景逸先生帖後）。

攀龍影響蕺山主敬工夫甚多，後不時指點學問出處，爲蕺山道友最稱摯者
也。

（三）葉向高（1559～1627）

字進卿，號台山，福清人。

萬曆十一年進士。累官禮部尚書，兼東閣大學士。向高光明忠厚，好植
善類，三十九薦蕺山於朝起復故官。四十一年蕺山上書向高，責其不能力贊
福藩啓行，向高謝之。四十二年，黨勢已成，顧憲成書通向高，魏璫誣向高
右東林，遂乞歸。天啓元年，向高還朝，蕺山遺書向高言宰相職在進賢退不
肖（此上葉公論國是書不傳。轉據邵廷采思復堂文集之明儒劉子蕺山先生
傳）。蕺山尋以疏參客氏、魏璫，魏閹欲廷杖蕺山，賴向高力救得免。其時朝
士抗忠賢者，率依向高而得保全。後忠賢勢猖，向高以時事不可爲罷去。朝
中清流，盡遭誣殺矣。熹宗崩，向高亦卒，年六十九，謚文忠。著有說類，
葉台山集（明史卷二四〇，啓禎野乘卷一，年譜卷四十）。

（四）王時熙

字緝甫，號止敬，吳人。

萬曆辛丑（二十九）年進士，與蕺山同籍，授知靈寶縣，移崑山，有循
吏風。擢監察御史，與同官周起元，疏助顧憲成。名列東林朋黨錄。

萬曆丙辰（四十四）年，蕺山三十九歲，時熙爲浙東觀察史，與蕺山

書，以為學問之方，存乎書冊，道義之分，不在形迹間。並為蕺山母建貞節坊與萬安里。題碑額云「宇宙完貞；冰霜勁節」。蕺山感時熙之善意，答書時熙求所謂不虧其身，不辱其親之旨。又自謂海內交遊略盡，獨存時熙一人為知己（年譜卷四十，全書卷二十與王止敬分巡書）。又有謝王止敬分巡旌表先貞節啓（遺編卷五）。

官至太僕寺卿，當禍起，憂憤嘔血卒（南昌縣志卷三十三，東林列傳卷●）。

（五）王元翰（1565～1633）

字伯舉，號聚洲，雲南寧州人。

萬曆辛丑（二十九）年進士與蕺山為同籍。由庶吉士改吏科給事中，意氣凌厲，以諫諍自任。曾疏請帝昧爽視朝，並陳時事可痛哭者八。又薦顧憲成，鄒元標，以補朝廷人才，元翰居諫垣四年，力持清議，世服其敢言。蕺山亦贊成「出入於禁庭，以為公輔之器也，而慷慨自喜，恥浮沈於聲利。」（全書卷二十三，王聚洲年友像贊）

然元翰以銳意搏擊，毛舉鷹鷙，舉朝咸畏其口，忌者陳治則誣以奸贓。元翰乃盡出其筐篋，舁置國門，縱吏士簡括，慟哭辭朝而去。南下與劉靜之共講性命之學，蕺山於山陰，縱情於山水，嘗云：「吾平生惟山水為家，緣道義為知己，持此自老足矣。」（全書卷二十二諫議大夫原工科右給事中聚洲王公墓志銘）後刻李三才者，亦指元翰貪，朋黨之勢乃形。莊烈帝即位，將召用，為人所尼，元翰乃流寓南都，十年不歸，卒於崇禎六年，時年六十九（明史卷二三六，雲南寧州府志）。

（六）魏大中（1575～1625）

字孔時，號廓園，嘉善人。

自為諸生，讀書砥行，從高攀龍受業。萬曆四十四年進士。天啓初擢工科給事中，偕同官周朝瑞劾客氏、魏閹罪狀。及議紅丸事，持論峻切，邪黨側目。四年遷吏科給事中，與大學士韓爌、趙南星、楊漣、左光斗往來，頗有跡。會給事中阮大鋮與大中有隙，乃劾大中與左光斗交通文言，魏忠賢下其文言詔獄。未幾，楊漣劾忠賢，大中亦率同官上言。誣劾大中，盡逐趙南星等正人，大權一歸忠賢，乃矯旨下獄。獄卒受指使，與楊漣左光斗同夕斃之。崇禎立，諡忠節。有藏密齋集（明史卷二四四，嘉善縣志卷十九，東林列傳卷三）。

大中從攀龍受業，即以正學相勸勉。家酷貧，意豁如也。舉於鄉、家人易新衣冠，怒而毀之。每奉使，搏擊無所避，權貴為之斂手。

趙南星知其清操識卓，每事咨之。朝士不得南星意者，率怨大中，為吏科時，以激揚流品為己任，發露餽遺，仕路益肅。及忌者矯旨逮大中，是日雷電交作，風吼雨立，鄉民號泣送者數千人，大中從容慰止，舟過無錫，攀龍送之，有高亭別語，以不辱臣節三致意焉。

蕺山生平為道交者五人，大中其一也。二人時相往返論道，及大中下獄死。蕺山述魏之行誼如：

> （大中）蚤遊梁，與聞正學、守學之貞信道之卓，以此事親，以此事君，以此事師，以及友人，戮力同心，以補袞職，以此忤權，以中讒賊，以進以退，以榮以辱，以生以死，惟此學鵠，是學非學，請折諸聖，是道非道，請卜諸命，致命遂志，如此而已（劉子全書卷二十三，祭魏廓園給諫）。

（七）馮從吾（1556～1627）

字仲好，號少墟（東林列傳卷十三），長安人。

萬曆十七年進士，授御史。二十年抗章言帝郊廟不親，朝講不御，章奏留中不發。帝怒欲廷杖之，適太后壽辰，閣臣力救得免。光宗時，起尙寶卿，進太僕少卿。天啓二年擢都御史，廷議「三案」從吾斥之，由是小人惡之。

天啓初，廣寧陷，叛逃者眾，思以講學救國，乃與鄒元標建首善書院講學，朱童蒙疏詆之，從吾曰：「宗之不競，以禁講學故，非以講學故也。此臣等所以不恤毀譽，而為此也。」遂引歸，五年魏忠賢詆從吾，而奸人搗毀書院，曳先聖像，擲之城偶。竟憤悒而卒。諡萊定（長安縣志卷二十七，東林列傳卷十三、明史卷二四三）。

幼即深契王文成「人心有仲尼」句，以聖人自期。好濂洛之學，受業許孚遠。居父母憂，哀毀盡禮。生性純愨，及罷官歸。杜門謝客，取先正格言，體驗身心，造詣益邃，家居二十五年。雖室如懸磬，竟自如也。一時縉紳學士執經問難，至寶慶寺不能容（明儒言行錄卷十）。

從吾為學全在本原處透澈，未發處得力，而於日用常行，卻要事事點檢，以求合其本體，此與靜而存養，動而省察之說，無二致也（明儒學案卷四十一甘泉學案五）。

讀書以四書五經，性理通鑑，近思錄爲主。交友則重崇眞尚簡，戒空談，敦實行者。著有辨學錄、疑思錄、恭定集等。

陽明揭良知，浸淫百年，弊滋甚，于是格物修身兩家之說復起，紛若聚訟。從吾乃謂：

> 道本一貫，求之言語文字，則支離蔓延，愈益晦塞，夫格物致知修
>
> 身，何可偏廢也（少墟集卷一、辨學錄原序）。

知從吾闡揚剴切，衛道謹嚴，蓋以行爲講，以行爲學之學行合一者也。蕺山年四十，與從吾致書通問。蕺山於首善鄒馮二子，取馮之躬行，而不與鄒也。故贊其講學高義云：

> （馮）先生論說，大都發明爲學之大端，與之不可不講，一其趨
>
> 向，而隱躍其機，使人思而自得。而先生誠意懇惻，徹人心腑，遂
>
> 不覺其過化之速（劉子全書卷二十一，馮少墟先生教書序）。

（八）張慎言

字金銘，陽城人。

萬曆三八年進士。初令壽張，有能聲。天啓元年擢御史，時光廟御錄舊學，慎言與惠世揚，方震孺等交章薦蕺山起禮部主事。天啓初，三案事起，摘發奸謀，劾崔文昇等，帝怒奪其俸。崇禎初起故官，累官吏部尚書，掌右都御史。南都立，慎言秉銓持正，爲劉孔昭所忌，乞休。時蕺山以慎言，鄭三俊遭斥，上疏申救之。南都亡，疽發背而卒（明史卷二七五，陽城縣志卷十，南疆繹史列傳四，全書卷四十年譜）。

（九）方震孺（1585～1645）

字孩未，號念道人，壽州人。

萬曆癸丑（四十一）年進士，本桐城人，移家壽州。天啓初，陳《拔本塞源論》，以疏客，魏二氏，並請召復蕺山等。及清初破潦陽，震孺一日十三疏，自犒師關外，軍民感悅。遷監軍巡按時邊境經撫不合，蕺山答書震孺，助其倡忠義之氣，固西河人心，以經隨撫，協力國事——（全書卷二十管方孩未巡關）後魏忠賢誣以贓私，擬大辟，獄卒感其忠，飲啖而活。

崇禎初釋還，流賊犯壽州，震孺倡士民固守，城獲全。擢右僉都御史，巡撫廣西，聞闖賊陷京，慟哭勤王，馬士英憚之勒還鎭。竟憂憤卒，年六十一。有方孩未集（明史卷二四八，安徽通志卷二一二，小腆紀傳卷五十六）。

（十）鄒元標（1551～1624）

字爾瞻，號南皋，江西吉水人。

萬曆五年進士。張居正奪情，元標抗疏切諫居正自用太甚。疏入，居正大怒，乃廷杖調外。謫居六年，居正歿，拜吏科給事中，及丁母憂，里居講學，從游者眾，中外疏薦遺佚，以元標為首，卒不用，家居垂三十年。

光宗天啓四年還朝，首進和鍾衷之說，又請召用劉蕺山，高攀龍等人。時朋黨盛，元標惡之，思矯其弊，所薦引不專一途。元標還朝以來，不為危言激論。與物無猜。然小人以其東林也，仍忌之。會與馮從吾建首善書院，集同志講學，童蒙首請禁之。而魏忠賢方竊柄，傳旨謂宋亡由於講學，將加嚴譴。賴葉向高力救得免，崇禎追謚忠介（明史卷二四三，東林列傳一三，吉安府志二六）。

元標九歲通五經，弱冠從泰和胡直游，即有志為學。師歐陽德、羅洪先，得王守仁之傳。天性慷慨毅然，有難犯之色，至其議論則從容純和。謫衛於萬山中，處之怡然，益究心理學。初立朝，以方嚴見憚，晚節務為和易。及其建首善書院，群小疾之，遂曰「天下治亂，係於人心，人心邪正係於學術……舍明學其道無由也。」（江右學案卷二十三）其學以識心體為入手，以行恕於人倫事務之間，與愚夫愚婦同體為工夫，以不起意空空為極致，離達道無所謂大本，離和無所謂中。故亦不諱禪學。有願學集，太平山房集，奏疏等。

蕺山年四二，鄒還朝，乃薦之，起為禮部主事。及講學首善書院，蕺山亦與焉，疑義必相與析。謂元標學宗解悟，然不若馮少墟之重躬行為尚，可見蕺山學宗程朱主敬之旨也。蕺山年四十八，元標謝世（劉子全書卷四十年譜），有「祭鄒南皋先生文」略述其學旨云：

> 先生之道，即孔氏之道，先生目擊人心世道之變，其紛紛多構者，盡起於有我。而其爾我相形者，總一片殺機用事，於焉反求性命之原，洞觀鬼神之狀，去智故，志形骸，渾然以天地萬物為一體，而歸於先生，聽天下自消自息也（劉子全書卷二十三祭鄒先生文）。

（十一）黃尊素（1584～1626）

字真長，號白安，餘姚人。

萬曆四十四年進士，精敏強執。天啓元年擢御史，疏請召還劉蕺山、鄒元標、馮從吾等。並劾趙秉忠，時帝在位數十年，未曾一召見大臣，尊素請

復殿召，而帝不用。四年，大風沙揚，盡晦，天鼓鳴者十日，京師地震，乃陳時政十失，劾宦官，忤忠賢。逆黨乃劾其專擊善類，助高攀龍、魏大中，遂削籍。

尊素謇諤敢言，尤有深識遠慮。嘗規楊連及大中等，禁劾魏廣微云：

今大勢已去，君子小人之名無過爲分別，則小人尚有牽顧，猶可一

二分救也，若政府明與之合，惟所欲爲耳（東林列傳卷四）。

此言道出東林君子意氣殞命傷國本之關鑑所在。忠賢忌尊素多謀，乃秘計逮之。逮者至蘇州，遭鄉民憤擊之，尊素聞，即囚服投獄。獄中與周順昌，周宗建諸君，猶講道不輟（東林列傳卷四）。知獄卒將害已，叩首謝君父，賦詩一章，遂死。年四十三，有忠端公集（明史卷二四五，餘姚縣志卷二十二）。

天啓六年，蕺山年四十九，黃尊素與高景逸、周順昌、繆昌期、周宗建、周起元、李應昇等七君子罹逮，督撫移檄，鄉民擊逮者，一時誤傳爲蕺山，全家惶懼。及尊素至郡，蕺山餞之蕭寺，促膝談國是，唏噓而別。蕺山經此轉變，遂用功於愼獨（劉子全書卷四十年譜）。初尊素投獄，子宗羲送至郡城，同受蕺山餞別，尊素命宗羲師事蕺山，此蕺山宗羲師生關係之由也（漳浦黃先生年譜）。

（十二）孫愼行（1564～1635）

字聞斯，號淇澳，武進人。

萬曆二十三年進士，累擢禮部右侍郎。時郊廟諸禮，帝二十餘年不躬親；東宮輟講；代王廢長立幼，愼行皆諫之。復講福王之國。以安群情（武進縣志卷二十一，東林列傳卷二十一）。會吏部缺侍郎，擬推愼行，以其家居講學東林，黨人沮之，乞歸。初光宗以李可灼進紅丸而崩，方從哲護李，愼行乃上綱常大義疏，斥從哲不能自匡正。

後魏忠賢當國，議修三朝要典，紅丸案以愼行爲罪魁。遣戍寧夏，崇禎初赦免。其操行峻潔，朝士數推官不就閣。後同以愼行，劉蕺山、林釬等上，帝即召之。已得疾，入都即卒。諡文介（明史卷二四三，天啓崇禎兩傳遺詩小傳卷四）。

愼行幼習聞外祖唐順之緒論，即嗜學。及進士，復鍵戶息交，覃精理學。有當事請見詢政者，率不納答。其學本宗禪，終以儒道當學問思辨，以靜存動察之工夫養中和爲歸。愼行謂自喜怒哀樂看，方有未發，心體截得清楚，工夫始有著落（明儒學案卷五十九）。故重知止工夫，謂曰：

　　止即是仁敬孝慈信，是至善也。豈唯道當止，抑亦人不能不止處，
　　人不能舍倫之外別爲人，亦不能舍倫之外別爲學，日用人倫，循循
　　用力，乃所謂實學，故特稱止（玄晏齋集，困思抄卷一知止章）。
愼行本喜讀佛書，從靜參入，時覺心光迸開，然自謂終歸斷滅，未是本心，
乃嘆曰「儒衣破綻終不可以袈裟補也」遂一意宗儒。蕺山因謂之曰：

　　晚乃一切屏去，耑求之反躬一路，歸於知止。時時體驗，而有至
　　焉。故遇事一往，不計利害，立朝之日動以身殉國守道。以行其所
　　學有如此者。嘗曰：「吾生平於出處二字最分明。」（劉子全書卷二
　　十二，資政禮部尚書淇澳孫公墓表）

（十三）趙南星（1550～1627）

字夢白，號儕鶴，高邑人。

萬曆二年進士。歷文選員外郎；考功郎中，方嚴疾惡，秉公澄汰，觸時
忌二度落職。里居三十年，名益高，與鄒元標，顧憲成海內擬之「三君」。光
宗立，拜左都御史，慨然以整齊天下爲己任。天啓三年，蕺山以婦寺專權乞
歸不允，南星疏助蕺山歸。四年南星疏詘干進，銳意澄汰，圖破格用蕺山，
蕺山以魏璫故辭。時東林勢盛，眾正盈朝，南星益舉高攀龍、魏大中、鄭三
俊等，魏璫矯旨削籍，戍代州卒。崇禎初諡忠毅（明史卷二四三，全書卷四
十年譜）。

南星爲官治行廉平，公忠強直，與眾賢以節義相期，推挽正人不遺餘
力。數贊助蕺山也，及卒蕺山亦爲文弔之（全書遺編卷七祭趙儕鶴先生文）
爲文雄健磊落，北方冠冕也。著有學庸正說，史韻等（列朝詩集小傳丁集
中，高邑縣志卷七）。

（十四）李邦華

字孟闇，一字懋明，廷諫之子，吉水人。

邦華與父廷諫同舉萬曆三十一年鄉試，弱冠即有才名，同里鄒元標奇而
授業，互爲師友也（吉安府志，忠節傳）。

萬曆甲辰（三十二）進士，授涇縣令，政績特異，授御史，抗直不阿。
值黨論初起，朝士多詆顧憲成，邦華與相抗，遂目爲東林。以敢言聞，性好
別黑白，或勸其委蛇，邦華曰：「寧爲偏枯學問，不作反覆小人。」以僉都御
史巡撫天津，天啓三年蕺山以未任連擢，義不自安欲辭，邦華謂蕺山「小臣
無辭官禮」乃止。崇禎初爲兵部尚書，銳意清釐，戍政大治，尋罷職。崇禎

十二年起南京兵部尙書，蕺山二書邦華勉其「違親以致君」及「今日決當立集南中兵馬，首倡義旗，一鼓北進。」（全書卷二十與李懋明大司馬一、二）預爲流寇，清兵計也，後代蕺山爲左都御史十七年，李自成陷京師，走宿文信國祠，爲詩曰：

　　堂堂丈夫今聖賢爲徒，忠孝大節今誓死靡汚，臨危授命今吾無愧。

　　投環絕（明史卷二六五，全書卷四十年譜）。

（十五）姚希孟

字孟長，號現聞，吳縣人。

希孟與舅丈震孟同學，並有時名。舉萬曆四十七年進士，改庶吉士，韓廣、劉一景執政，遇事多所咨決。天啓初與震孟並入翰林，共持清議。天啓六年黨禍大作，劾爲繆昌期黨，削籍。時盛傳欲共逮希孟，震孟，蕺山也。崇禎初赴召任講官。希孟雅爲東林所推，崇禎五年參議逆案，忤溫體仁，出爲少詹事。時希孟數以書侯、舉蕺山爲海內第一人，以其退藏微密之妙，從深根寧極中證入也（全書卷四十年譜錄遺）。尋以疾歸家，居二年卒（明史卷二一六，啓禎野乘卷一，吳縣志卷十六）。

（十六）文震孟（1574～1636）

字文起，號湛持，初名從鼎，長洲人。

文徵明曾孫，元發子也，並有名行。天啓二年殿試第一。授編授，時魏忠賢用事，震孟乃上勤政講學疏，忤魏璫，調外，歸。天啓六年以熊廷弼事，並斥震孟，蕺山等爲民。崇禎元年，召爲侍讀，連劾王永光，忠賢遺黨乃乘機報復，又歸。崇禎五年震孟數以書候蕺山致意。及八年，賊犯皇陵，震孟歷陳致亂之源，帝雖不能盡用。尋擢禮部左侍郎，兼東閣大學士，蕺山亦同時受詔還朝。後溫體仁用事，遂同官震孟，錢士升等，蕺山乃上疏陳震孟等忠直敢言，亦遭革職爲民亦嘆而。崇禎九年震孟卒，年六十三。福王追諡文肅。

震孟剛方貞介，有吉大臣風。主講筵，最嚴正，反覆規諷帝言行，時稱直講官。有姑蘇名賢小記。與蕺山合編劉鍊江先生集八卷（全書卷四十年譜，黃宗羲劉子行狀，時史卷二五一，吳縣志卷六十七）。

（十七）丁元薦

字長孺，號愼所，湖洲長興人。

萬曆十四年進士，謁中書舍人。上封事萬言，極陳時弊，坐浮躁論調。移禮部主事，時尚書孫丕揚力清邪黨，反爲其黨所攻，舉朝鼎沸，無敢解之者，元薦乃起揭諸奸罪狀，黨人惡之，乃謝病去。後正人相繼去國，詆毀東林講學，元薦家居甚忿，復疏闕下，爭國是。黨人益惡，遂削籍歸。天啓初起尚寶少卿，復罷歸。

元薦少慷慨負奇氣，遇事奮前，表裏洞達而忠孝篤摯。初學許孚遠，又從顧憲成講紫陽學，自是操持日高。

通籍四十年，前後服官，謹以日記，其廢起，必關世道污隆，治亂消長。摘發大奸，終以黨人見廢。早時其父慮其直言取禍，輒加裁抑，答曰「寧璧碎無瓦全」父聽之，臨終囑勿忘此言。嗜義若渴，遇所不平，里中及名教關係，輒攘臂爲之，具見東林質性也。

自摘秘書歸，即築室溪近，時集同志讀書談道，有終焉之意。間往來梁溪，與攀龍商訂學術是非，多屈其座客。然心實倦倦於君父，及神光熹三朝授受之際，每語及，便輒流涕。

喜爲學者談古忠孝奇節，至擊節沾膺，遇有志操者，鼓舞之何往，時而命酒論文，經其薦拔，多脫穎出。劉永澄介紹蕺山訪憲成時，元薦亦復稱其賢。及蕺山初見元薦於許師座中，見其抵掌談天下事，神采并露，乃歎服定交矣。及晚年病目，遂喜靜坐。而夫子不得中行而思其次，必也狂簡者。狂簡正元薦質直意氣也（明史卷二三六，劉子全書卷二十二，丁長孺先生墓表）。

（十八）朱國楨

字文寧，號平涵，又號蚓庵居士，烏程人。

萬曆十七年進士。改翰林院庶吉士，湖州俗富免役，獨累貧，國楨定法蘇貧。起國子監祭酒，謝病歸，萬曆巳酉（三十七）年蕺山方贏，國楨嘗假陶石簣恤蕺山以參藥。丁巳年亦互訊出處（全書卷二十與朱平涵可成）。

天啓三年國楨拜禮部尚書，改文淵閣大學士，時蕺山與國楨赴召連舟同行，蕺山上書論天下大患首在學術不明，故謂宰相之道在正心誠意，輔人主爲堯舜之君，取法伊周，不當效近世調停觀望之術。國楨謝之（全書卷二十復朱平涵相公二，全書卷四十年譜）。

時魏忠賢竊國柄，國楨佐葉向高，多所調護。及向高，韓爌相繼罷去，國楨爲首輔，爲逆黨李蕃所劾，遂疏引疾去，卒諡文肅，著有大政記，湧幢小品等（明史卷二四〇，湖州府志卷六十九）。

第二章　中年時期

（一）陶奭齡（～1630）

守君奭，號石梁，私諡文覺，會稽人。望齡弟也。

萬曆三十一年舉於鄉，授吳寧學博，遷肇慶推官，遂不起。與兄望齡自相師友，沈湛性命之學，不重形骸事理之縛，等視身世浮沈之遭（全書卷二十一今是堂文集序），時稱二陶。師周汝登，篤信禪宗，倡言無忌，不諱禪說良知，一時從遊者遍浙東。著有遷改格、喃喃錄、今是堂文集（浙江通志卷一七六）。

崇禎四年與蕺山會講良知於陽明祠，立證人會。後以見解分歧，門人齟齬漸深，遂分立門戶，奭齡等集會於向馬山房，蕺山則主講於古小學祠。奭齡論學重識認本體而輕工夫；蕺山則主即本體用工夫，二派即執此往復不息（全書卷四十年譜）。初蕺山赴召入京，奭齡致書曰：

> 願先生安其身而後動，易其心而後語，俾天下實受其福。若矜名節懇摯相勉，知二人見解雖異，而不礙相友也。及奭齡歿，其友生沈國模、史孝咸、史孝復、管宗聖、王朝式等復別立姚江書院，宣揚宗風，勢力益盛。

蕺山略其學云云：

> 使先知覺後知，使先覺覺後覺，離覺無心，即覺即學。惟人心之陷溺愈深，而覺覺之機權愈拓。萬人遞啓宗門，先生益排玄鑰，直令學者求諸一塵不住之地，何物可容其糾縛？橫說，直說，不出良知遺鐸（全書卷二十三祭陶石梁先生文）。

（二）史孝復

字子復，號退菴，餘姚人，孝咸之弟。

自幼沉靜能詩，知人論世怡如也。與孫鑛忘年交。崇禎四年，蕺山舉證人社，孝復與兄孝咸，管宗聖等與焉。十六年孝復駁蕺山董標之心意十答，蕺山作十商以復已，又有書論「先明而後誠，先致知而後誠意」答孝復之良知說（全書卷四十年譜，卷十九答史子復二）。相互發明，蕺山引為同調。及與孝咸，宗聖共主姚江學院，學遂與蕺山益分。孝復闇修密行，不事表暴，於大義所在，絲毫不假。崇禎十七年卒。與管宗聖，沈國模及兄孝咸，並稱姚江書院四先生。亦上紹陶石梁，石簣兄弟，及周海門以禪夾良知一脈也（全書卷四十，紹興府志卷五十三，餘姚縣志卷二十三）。

（三）史孝咸

字子虛，號拙修，餘姚人。

為諸生時，以文章名，師于孫鑛。尤篤好陽明良知之旨。崇禎四年，蕺山忤璫家居，創證人社，講明良知，請孝咸，陶奭齡同主講席。後史陶又移講白馬山房。十二年，與沈國模，管宗聖及弟孝復創姚江書院，一時風動然以近禪而別於蕺山。及蕺山起吏部侍郎，以病未行，孝咸勸輿疾以行蕺山謝之。十六年蕺山以言事斥歸，復與書孝咸論誠意之學「一則不欲說壞意字」、「一則不欲說粗意字」（全書卷十九答史子虛）。及請仍主講書院，以存義於人心也。自謂生平所恃，窮理盡性，以無負生聖賢之訓。卒年七十八（餘姚縣志卷二十三，紹興府志卷五十三，宋學淵源記附記，全書卷四十年譜）。

（四）管宗聖（1578～1641）

字允中，號霞標，餘姚人。

少有異稟，浙中錢德洪學生良知修持，見而器之，命侍講席，又從孫鑛學詩。嘗謂人心不正，弊在學術不明，欲上續良知一脈。崇禎四年，蕺山證人社於石簣書院講明良知，宗聖與沈國模，史考咸與焉。後宗聖與國模，考咸互相切劘，以躬行實踐為準，奉陶奭齡為師，倡明禪故講學於白馬山房，而蕺山講於古小學，說漸相背。十年祁彪佳薦宗聖於朝不赴。十二年，蕺山書謂宗聖為「全以儒宗詮佛乘」蓋以儒釋相別也（全書卷十九與管霞標）。宗聖尋與國模考咸創義學，即姚江書院，而白馬山房派勢益盛。蕺山則益自歛抑，不與之爭。及宗聖卒，蕺山為文弔之，請諡鄉賢（全書卷四十年譜，紹興府志卷五十三，餘姚縣志卷二十三）。

（五）臧照如（1579～1633）

字明遠，號正庵，又號醒涵，長興人。

萬曆四十四年進士，授行人。清慎自矢，謝絕苞苴。天啓四年璫禍起，歌頌附璫者遍天下，照如師事高攀龍，恥附權貴。崇禎六年，爲南吏部郎中，抗疏訟慘死諸賢，宜懲漏網逆黨，並進賢如孫愼行，文震孟等。臧如亦薦蕺山起爲順天府尹（遺編卷三臣病萬難赴任書），使蕺山得展長才於朝。二年病卒。

照如少敏而好學，有志聖賢，不喜交遊，而居恒落落。著有五經註疏。照如本友同鄉丁元薦，元薦特舉於蕺山，蕺山與照如以志節相視爲莫逆也（湖州府志卷七十二，全書卷二十二南京吏部郎中醒涵臧公墓誌銘，全書卷四十年譜）。

（六）侯　恂

字若谷，號陸珍，河南商邱人。

年十七受知於鄭之俊。登萬曆丙辰（四十四）進士第。除御史，追論紅丸移宮事，正論侃侃，鄒天標頗重之。時魏忠賢擅權，恂以父弟皆善東林，並遭斥逐。崇禎三年，內釁外訌，國儲告匱，恂爲司農，拮据經畫之，而蕺山亦勉之「藏富於民，不當言利字」（全書卷二十與侯陸珍司農）。然忤溫體仁下獄。七年闖賊起，恂率左良玉軍平賊，惜朝廷不用。明亡築室城南，是不入城者十餘年。子方域有才名（商邱縣志卷八）。

（七）金　鉉（1610～1644）

子伯玉，武進人，占籍大興。

崇禎六年進士。授揚州教授，教諸生先德業而後文藝，燕居言行皆有規格。權國子博士，崇禎三年蕺山置學田於順天，鉉贊之。工部主事，奄人張彝憲總理戶工二部，欲以屬禮侍司官，鉉累疏爭之，忤閹落職。遂閉門讀書，究心物理性命之學，泛覽五經四字書及諸儒語錄，於易有獨見，悟無生，無不生之旨（明名臣方行錄卷九十二）。崇禎十五蕺山辭朝，鉉曾問學於蕺山。與陳龍正，史可法以道德經濟相勸勉。十七年起兵部主事，疏請監視中官，後開城迎賊者果爲中官。城陷帝崩，乃朝服拜母，以職在皇城，他非死所，投水卒。年五十五，諡忠潔（明史卷二六六，明儒學案五十七，諸儒學案下五，武進陽湖縣志卷二十四，明儒言行錄卷十）。

（八）石有恒

字伯常，號雲岫，黃梅人。

萬曆己未（四十七）進士，授遂安知縣，尋調長興。性簡約，持大體，聽斷仁恕，征賦不苛，海盜吳野樵劫庫，被執不屈死。贈太僕寺少卿，諡忠烈。

蕺山與有恒，誼在鄰封，又因友而交遊，以為有恒之廉品，當能進而死天下事，且成天下功。不意竟死家鄉，有文哀之（全書卷二十三，祭長興令石雲岫文，湖北通志卷四十二，忠義傳）。

（九）辛　全（1588～1636）

字復元，號天齋子，山西絳州人。

全少稱神童，幼從塾師，讀程朱書，以為聖人可學而至，遂日焚香端坐，記錄言行以為法則。年十九，覽讀書錄，知入道必自「敬之始，悟河洛之說。」年二十七，督學南居益，駐州召試，策陳明體適用說。全以名教是非為己任，居恒有感於當世，著有衡門芹經，世石畫等。崇禎中薦於京，倪元璐請講學璧雍，聽者風動輦下，一時吳甡，路振飛等推挽恐後。崇禎九年疏聞於朝，詔任知府，尋嬰病卒。

全早年喪父，哀毀如禮，持七戒三年，事母愛敬，奉兄愉和，私居敦篤嚴苦，終身安貧樂道，以洛閩書教授鄉里（文獻徵存錄卷一）。贄於關中馮少墟，安邑曹真予，馮謂其學，薛胡不足多也。自是學益有根抵。臨革時且自謂「吾始終只是持敬」（新絳縣志卷五，全書卷二十三徵君辛復元先生傳）蕺山昔赴召，交接全於邸，且讀其書，亦謂全學本之河東薛文清也（全書卷二十辛復元先生集序）。

（十）陳仁錫

字明卿，號芝台，長洲人。

仁錫弱冠聞錢一本善易，往師之得其旨。久不第，益究心經史之學，天啓二年與文震孟同登進士。授翰林編修，典誥敕，魏忠賢冒邊功，給鐵卷，仁錫不視草而落職。崇禎初起故官，異遷國子祭酒，預修神光二朝實錄，七年卒，諡文莊。仁錫講求經濟，好學不倦，著述頗富，其出處去就中立而不偏，蓋深於易者。蕺山雖不及識仁錫，然其子濟生游於蕺山門下，蕺山亦頗讀仁錫書，慕其學而傳其人也。著有繫辭，易經頌，四書考等書（明史卷二八八，吳縣志卷六十七，全書卷二十三大司成芝台陳公傳）。

第三章　晚年時期

第一節　論學諸友

（一）葉廷秀

字謙齋，號潤山，濮州人。

天啓五年進士。崇禎中歷南京戶部主事。疏陳吏治之弊。崇禎十年，廷秀貽書蕺山，問欲講心學而黜俗學，欲直求入手，欲融格物之義，其道何由？蕺山答以誠意先致知，致知在格物，真格物乃天命之性，即大學第一義也（全書卷十九答葉潤山民部）。十三年，授戶部主事，以疏救黃道周，帝怒杖獄。廷秀故不識道周，惜才而冒死論救，處重罪恬然。十五年於謫戍途中遇蕺山於淮上，欲師禮之，蕺山謝之。互論誠意之學，廷秀謂此後，疑致知工夫，疑誠意不足攝內外。蕺山乃剖存發合一之理，以為意誠即心止於至善。時蕺山年六十五誠意慎獨之學立矣（全書卷十九答葉潤山四）。南都立，為馬士英所惡，抑授興祿少卿，南都亡，為僧以終。廷秀受知蕺山，造詣淵邃，言行誠正不愧人譜之化也（明史卷二五五，小腆紀傳卷五十六，濮州志卷四，全書卷四十年譜）。

（二）吳執御

字郎公，台州人。

天啓二年進士。除濟南推官。崇禎間擢刑科給事中，劾王永光誨貪，為小人深忌之。後奏薦蕺山，曹于汴，等，上則為狗濫。下刑部，杖徙三年。後華允誠劾溫體仁，執御益不可解，未幾卒。著有江盧獨講。

崇禎十年，蕺山賑嵊邑饑，與執御時相問答，有「濂溪主靜立極之說，是千聖入道法門」（全書遺編卷五答吳朗公書）執御學以立誠爲本，服宋儒居敬窮理之說。亦信周海門言求己處，故於克己閑邪，謂不當作去私說也（明儒學案卷五十五諸學案下三，明史卷二五八）。

（三）祁彪佳（1602～1645）

字弘吉，號虎子，又號世培，山陰人。

天啓二年進士。授興化府推官。崇禎初，累官右僉都御史，巡撫江南。十五年蕺山辭朝，彪佳時往問道，蕺山勉彪佳，道只在事君。又數書彪佳，言身居言責，當以諫諍明職業，毋負生平學問（全書卷四十年譜）。十七年，請福王發喪監國。時高傑跋扈，彪佳勉以忠義，已而爲群小所詆，隨蕺山同去位，朝廷無留良矣。及杭州陷，絕粒端坐水中卒。唐王時諡忠敏（明史卷二七五，南都死難記略，紹興府志卷五十六，吳縣志卷六十三，全書卷四十年譜）。

（四）張　瑋

字席之，號二無，武進人。

萬曆四十七年進士，授戶部主事。吏建魏忠賢祠，乞文於瑋，瑋引去。崇禎初，起江西參議，瑋難進而易退。崇禎十二年，瑋自書通蕺山。問靜，及人譜得力處，蕺山答以「識得乾元，乾知大始，懲窒遷改」乃人譜綱領。十五年遷左都副御史，與蕺山，金光辰並總憲紀，台中清肅，號爲「三清」。及蕺山去位，瑋與陳龍正、金鉉等時往蕺山家論道也。旋以病歸，未幾卒。蕺山爲文哀之。

瑋少孤貧，受知於薛敷教，與同志講學東林書院，師孫愼行學易，而論學於蕺山。瑋學以愼獨知幾爲宗，亦深於禪理，游于天童，三峰兩大師間。著有如此齋詩（明史卷二五四，啓禎野乘卷二，光緒武進陽湖縣志卷二十一，全書卷二十三祭張二無副院，全書卷四十年譜，明名臣言行錄卷八十八）。

（五）曹　廣

字遠思，與兄序稱二難，弱冠登崇禎十三年進士。授汀州推官，能清冤獄。在官五年一介不擾民。廣始登第，即與書蕺山，論學宜「寬著意思，嚴立功程」，蕺山答以「知恥近勇，殆吾輩頂門針」（全書卷十九復曹遠思進士）

以知恥則學業立也。尋調漳州，時漳浦黃道周甚許可，獨心折廣，作文治論贈之。擢刑部主事，以母老辭歸。倡修學宮，周恤貧乏，而不以私干友也（嘉興府志卷六十）。

（六）陳龍正

字惕龍，號幾亭，嘉善人。

崇禎七年進士。授中書舍人。時東廠緝事冤濫，十一年上養和，好生二疏，陰諷東廠。龍正居冷曹，好言事，名動朝野，給事黃雲師詆為偽學。十三年蕺山復書龍正謂「沈石臣沉潛之器，大是道品，將來世道當之」（全書卷十九復陳幾亭中翰）。極力推轂龍正，獎薦同黨也十五年蕺山三度去職，龍正時往論學，十七年遷南京國子監。南京失守，龍正得疾卒（明史卷二五八，嘉善縣志，卷二十，小腆紀傳卷十六，全書卷十二學言）。

龍正少從吳志遠，又事高景逸，得復約身心之學，重名實兼備，留心當世之務，以萬物一體為宗。後轉研性命之學。輯有程朱遺書。著有幾亭文集（明儒學案卷六十一東林學案四）。

（七）文德翼

字用昭，一字燈巖，江西德化人。

崇禎甲戌（七）年進士。授嘉興府推官，平反得釋者甚眾。德翼正直明允，不避權要，上擢為吏部。方大用時，以父憂歸。德翼能權變，崇禎壬午（十五）年間，左良玉跋扈，不禮督師呂大器，德翼權使文武調和，人稱善應變（明詩紀事卷二十辛籤）。

崇禎庚辰（十三）年，蕺山年六三，有答德翼論出處去就書，以為義命乃孔孟家法；而思誠則學聖人之道也。並云：「誠不誠，至不至，已也。動不動，人也。學以求己而已矣。」（全書卷十九答文燈巖司理書）

德翼性至孝，博貫經史，長於詩古文詞，或刺時政之失，或抒忠愛之旨而不失和平婉順。有雅似堂文集，傭吹錄、訟過錄，宋史存，讀莊小言行世（德化縣志卷三十二）。

（八）沈中柱

字石臣，號摩青，平湖人。

崇禎庚辰（十三）進士，授江西吉水知縣，時大江左右歲祲，中柱請減租蠲稅，當事格不行。復鄒元標書院以課士黃道周以言事下獄，力救罷歸。

明亡爲僧,名行燈,號無諍。構懷木菴奉父,有懷木菴稿,問道錄。子中
琛,亦從蕺山,黃道周遊(嘉興府志卷五十八,平湖列傳)。

中柱口吃不能言,熟于左國史漢,尤好管韓,爲文縱橫闔闢,落筆數千
言立就。

中柱有書蕺山,論立志求知,以爲「學問者,致知之路也。心外無知,
故曰良知,知外無學,故曰致知。」蕺山答以反身以求始得知也。又論精密
二義,蕺山答以「即精即密,即身即反」精密即反身以誠之法也(全書卷十
九復沈石臣進士庚辰,辛巳)。蓋其時蕺山年六三,誠意之學已立,以格致爲
誠而設,故有此答也。

(九)祝　淵(1611～1645)

字開美,號月隱,海寧人。

崇禎六年舉於鄉,以年少學未充,讀書僧舍,僧罕見其面,十五年會試
入都,值蕺山救熊,姜獄削籍,淵未識蕺山,抗疏申救,罰停會試。後謁蕺
山,以爲名滿天下願贄爲弟子。十六年,禮官逮淵下獄,未幾都城陷,親爲
吳麟徵斂。尋詣刑部,請竟前獄,尚書諭止之。時蕺山再罷官歸家,淵數往
問學,蕺山曾有「行止則云命,勉之誠與敬」句贈淵。書信往返請學甚夥。
嘗有過,入室閉戶長跪,竟日不起,流涕自撾。杭州失守,投環卒。年三五。
踰二日,蕺山餓死。有月隱先生集,皆與蕺山論學之語,最爲蕺山高弟也(明
史卷二五五,小腆紀傳卷五十二,海寧州志稿卷三十,紹興府志卷六十三,
南疆繹史列傳五卷,南都死難紀略舉人祝淵,全書卷四十年譜)。

(十)吳麟徵(1593～1644)

字聖生,一字來皇,號磊齋,海鹽人。

天啓二年進士。除建昌推官,擒豪滑,捕劇盜,治聲日聞。補興化府,
廉公有威,僚屬莫敢以私進。崇禎五年擢吏科給事中,疏陳古用內臣致亂之
理,直聲震諫垣。然奸人目爲朋黨。崇禎十五年周延儒爲首輔,徵耆舊以塞
人望,蕺山及麟徵次第登用。時麟徵屢問學於蕺山(全書卷四十年譜)。麟徵
還朝多拂延儒,並申救蕺山,蕺山既放,蕭然就道,麟徵復因祝淵濟之,蕺
山謝焉。崇禎十七年,賊薄京師,麟徵守西直門,募死士縋城襲擊,多所斬
獲。城陷謂祝淵曰:「往余問道蕺山先生,曰:『人之初未嘗不善,轉念失之
者比比。』授命余初志也。」(全書卷二十三祭吳齋文)又云:「憶登第時,
夢隱士蕺山吟文信國零丁洋詩,今山河碎矣,不死何爲。」遂自經年五二。

福王諡忠節。有家誡要旨，忠節公集（明史卷二六六，鹽縣志卷十五、啓禎野乘卷十一）。

（十一）劉理順（1582～1644）

字復禮，號湛陸，杞縣人。

理順幼孤，奉母孝。以人倫風教爲己任，不詭隨從俗。年五十餘始登崇禎七年進士，帝親擢第一。拜修撰，學益勤，非其人不交。歷右諭德，入侍經筵，兼東宮講官。周延儒用事，理順一無所附麗。出溫體仁門，而言論不少徇。十二年典試福建，其程式皆深於理學，湛於道德之言（天啓崇禎兩朝遺詩小卷，頁 111）。崇禎十六年，蕺山寄寓接待寺，理順與一時縉紳多往會之，蕺山有「正心與誠意，儒跡終不熄」詩答理順，蓋互慰勉之（全書卷二十七用韵答劉湛陸翰撰）。及賊陷城，書「成仁取義」投繯卒。著有劉文烈公集（明史卷二六六，明儒言行錄續編卷二，杞縣志卷十三）。

（十二）黃道周（1585～1646）

字幼平，號石齋，漳浦人。

天啓二年進士，爲經筵展書官。崇禎二年官右中允，疏救錢龍錫，語刺周延儒，忤帝斥爲民。及復官，溫體仁等方招奸人搆東林、復社之獄，道周亦疏斥之。又疏辭，言己有七不如者，若「品行高峻，卓絕倫表，不如劉蕺山」語。帝以爲顚倒是非，嚴旨切責，然道周顧言不已。嘗給帝云「臣今日不盡言，臣負陛下，陛下今日殺臣，陛下負臣。」後爲黨人惡，戍廣西。唐王在福建用爲吏部尚書，以行高受禮敬之。以鄭芝龍其時跋扈，道周乃自請出師江西圖恢復，乃戰敗，臨刑過東華門，以與高皇帝陵寢近，遂刑於此（明史卷二五五，東林列傳卷十二，漳浦縣志）。

道周十歲作古文詞，若有神授，以孝聞。年二四始發憤讀書，以文章風節高天下，嚴冷方剛，不諧流俗。學貫古今，精天文曆數皇極諸書，所著易象正，三易洞璣，太函經，學者窮年不能通其說，而道周用以推治亂。自驗其卒六二也。學宗考亭，反虛妄學。曰：

> 千古聖賢學問，只是致知，此知字，只是知止。試問止字的是何物？
> 象山諸家說向空去，從不聞空中有個止宿。此止字，只是至善，至
> 善說不得物，畢竟在人身中，然繼天成性，包裹天下，共明共性，
> 不說物不得（榕壇問業卷一）。

崇禎八年蕺山五十八歲，上起用道周，以抗溫體仁。蕺山致書慰之，並以「天

果欲平治天下，將必有操大人之學，如孟夫子者起」勉勵。及道周謫戍南陽，蕺山與書勉其自克樹立，以無負君恩，贊其：

> 金在鑛而眞，得火而變，出火而精，進以人工，乃成令器，門下之謂也（劉子全書卷二十書下）。

道周、蕺山明末二大儒，並以家國社稷爲重，以明學術正人心爲的，終並持節以死，其自樹互勉，有如此者也。

第二節　從政諸君

（一）錢士升（1557～1652）

字抑之，號御冷，晚號塞菴，嘉善人。

萬曆四十四年進士，殿試第一，授修撰。天啓初，趙南星，魏大中被璫禍，士升破產營救，爲東林所推。崇禎初累官禮部尙書，兼東閣大學士。九年，疏撰寬簡虛平四箴，諷溫體仁，忤旨乞休。蕺山以士升，震孟見斥，自謂吾不可以不行矣，亦乞歸。十年蕺山書勸士升，勿「以逃禪爲竟究」，當「以天下安危爲己任」（全書卷二十答錢御冷閣學書）。然士升終不復問事矣。國變後七年卒。著有周易揆，莊子詮，明表忠記，賜餘堂文集（明史卷二五一，嘉善縣志卷十九，崇禎閣臣行略，小腆紀傳卷五十七，全書卷四十年譜）。

（二）姜　埰

字如農，山東萊陽人。

崇禎四年進士。擢禮科給事中。崇禎九年，上疏科目考選之病。歷兵科給事中，蕺山等先後論之，所至有政聲。崇禎十五年內豎揭朝堂，指東林倪元璐等爲二十四，埰奏此是小人陷君子，帝大怒，與熊開元並下獄，杖幾死。蕺山以逕下諫官詔獄，有傷國體疏救之，遭三度革職爲民。埰謫戍邊海赦歸後，奉母孝，與章正辰爲道義交。明亡削髮爲僧，自號敬亭山人。有敬亭集（明史卷二五八，全書卷四十年譜，小腆紀傳卷五十六，紹興府志卷六十三）。

（三）金光辰

字居垣，號雙崖，全椒人。

崇禎元年進士。由行人擢御史，巡視西城，內侍殺人，牒司禮監補之，內侍雖乞帝不允，卒抵罪。出按河南，拮据兵事，彈劾不避權勢。崇禎九年

還朝，請罷中官，帝怒將譴，忽迅雷直震御座，風雨大作。光辰因言：「臣在河南見皇上撤內臣而喜，」帝怒解，人謂光辰有天幸。翼日仍降級調外。時蕺山在諫院，與光辰稱莫逆，互期同心許國（全書卷二十二封侍御磐石金公墓表）。光辰成德等調外，蕺山疏抗之，遂遭革職為民。十五年召對德政殿，備陳賊勢，擢左僉都御史。時上疑蕺山代熊開元疏，光辰以「蕺山賦性耿直，與開元並無舊好」疏救之，亦降級調外。福王時起故官，未赴，國變，以僧服家居二十年，卒年六十九。有雙崖詩文集，金都御史全集（明史卷二五四，小腆紀傳卷五十六，全椒縣志卷十，全書卷四十年譜）。

（四）成　德

字元升，號玄升，山西霍州人。

崇禎辛未（四）進士。授滋陽知縣。性剛介，清操絕俗，疾惡如仇，贄於文震孟。崇禎九年德忤溫體仁同文震孟等並罷去。蕺山睹狀云吾不可以不行矣。遂疏辭歸，並劾體仁。體仁激上怒，降旨蕺山黨比成德等，亦遭革職為民。德後起武庫主事，疏謂宋臣張栻有言，仗節死義之臣，當於犯顏諫諍中求之。上為之動容。未幾城破，德以身殉，家人並從之。諡忠毅（明史卷二六六，金壇縣志卷九之四）。

（五）范景文（1587～1644）

字夢章，號質公，吳橋人。

景文幼負器識，登萬曆四十一年進士。授東昌推官，以名節自勵，悉心平反。歷文選員外郎，泰昌時群賢登進，景文力為多。天啟五年為文選郎中，魏忠賢與魏廣徵中外用事，景文雖同鄉，不一詣其門，亦不附東林，孤立自行，嘗言天下萬世是非公論，當與天下萬世共之。頗類宗周行誼也。後起南京都御史，遷大司馬，節制精明。崇禎十二年，疏斥楊嗣昌奪情，上斥為民。蕺山書慰其清議足堪世道，復答景文人學政教之論，並傷東林諸君也（全書卷二十與范質公大司馬，答范質公二）。累官工部尚書，兼東閣大學士，京師陷，傳帝已出，乃草遺疏，投井死，年五十八，著有大臣譜及遺集（明史卷二六五，啟禎野乘卷十一，列朝詩集小傳丁集中，吳橋縣志卷七）。

（六）周　鑣

字仲馭，號鹿溪，金壇人。

崇禎元年進士。授南戶部主事，榷稅蕪湖，改禮部主事，抗疏不當寵任

內臣，罷斥言官，革職爲民。鑣以伯父應秋，叔父維持，黨附逆瑺，深恥之。通籍後，即交東林，矯矯樹名節，臧否人物，不少假借。崇禎十二年蕺山與書鑣云「此王憂臣辱，主辱臣死之日，獨吾輩林間人無死地」，蓋互勉以名節出處也（全書卷二十與周仲馭工曹）。十五年起禮部郎中。福王時調和南遷議，忤馬士英，賜死。遺命勿葬，效伍子胥抉目事也。有遜國忠記，十四哀詩（明史卷二七四，金壇縣志卷九之四，小腆紀傳卷十九，南疆繹史勘本卷十五）。

（七）王孫蘭

字畹仲，號雪肝，無錫人。

孫蘭家世業儒，與兄弟並有聲庠序間。崇禎辛未四年進士，遷刑部主事，累遷成都知府。父憂服闋，起官紹興，會歲飢，蕺山於崇禎庚辰，辛巳（十三、十四）年數與書孫蘭論災，以爲「今日救荒之計，必以安輯人情爲第一義，官販之說，便是今日急劑。」（全書卷二十與王雲肝書五）卒定賑救法，全活數萬人。辛巳年遷廣東副史，分巡南雄，韶州。時連州賊爲亂，孫蘭馳往勦之，猺遂降。張獻忠陷長沙，衡州，韶州吏民空城而逃。孫蘭嘆曰：「失封疆當死，賊陷城又當死，吾盍先死乎？」遂自縊（明史卷二九四，紹興府志卷四十三，啓禎野乘卷九）。

（八）章正辰

字羽侯，號格菴，晚號稱東餓夫。會稽人。

正辰誠僕近道，從學於蕺山最重風節。崇禎四年進士，由庶吉士改禮科給事中，疏諫帝當法周，孔仁義，黜管商富強，似蕺山之重仁義，輕火器也（全書卷十七辟左道以正人心疏）。九年遷吏科都給事中，屢劾溫體仁，又詆陳新甲奸邪，遭誣謫戍。十四年蕺山有書責其久居「進退人才之地」而「終不能有所建立」（全書卷二十與章羽侯吏掌垣書）。十七年崇禎自縊，正辰與于穎共推蕺山爲盟主，痛哭誓師。福王時官大理丞，明亡，蕺山絕粒，正辰亦棄家爲僧矣。有章格菴遺書（明史卷二五八，紹興府志卷四十九，南疆繹史卷十五，海外慟哭記附錄二移史館吏部左侍郎章格菴先生行狀，全書卷四十年譜）。

（九）鄭三俊

字用章，池州建德人。

　　萬曆二十六年進士，累遷太常卿，疏詆客氏妖治，幾獲罪。楊漣劾魏忠賢，三俊亦極論之，忠賢劾三俊與鄒元標、馮從吾同流，褫職閒住。崇禎元年，起南京戶部尚書，汰閹黨一空。尋以侯恂不稱旨，去官。十五年起故官，與蕺山主典選，共拒賄官者。後舉李邦華，蕺山自代。及蕺山獲嚴譴，三俊懇救之。福王立，張慎言欲舉三俊不遂，家居十餘年卒。

　　三俊爲人剛執清亮，正色立朝，不可干以私，與蕺山共維朝政，相互扶持也（明史卷二五四，小腆紀傳卷五十六，全書卷四十年譜）。

（十）徐石麒（1578～1645）

字寶摩，號虞求，嘉興人。

　　天啓二年進士。授工部主事，時黃尊素忤魏忠賢下獄，石麒力救，亦削籍。崇禎八年遷考功郎中，佐尚書鄭三俊，十一年三俊議侯恂獄，得罪，石麒疏救之。累官刑部尚書。崇禎十五年，定中官王裕民罪，忤上，上召詰蕺山，蕺山答石麒無私。蕺山復答書石麒宜依章定罪也（全書卷二十答徐虞求司寇）。無何蕺山以救姜埰熊開元獲罪，石麒再疏輕熊姜罪，忤帝，亦落職。福王監國，拜吏部尚書，與蕺山、矢公甄別。後忤馬士英，引疾去。及京城破，石麒入城曰「吾大臣不可野死，當與城殉」時蕺山餓方十日出城曰「此降城，非我所死」二者意反而義同也。卒年六十八。

　　石麒爲官剛方清介，而性樂而愛人，博聞強記，長於國家典故，汲才不遺餘力也。有可經堂集（明史卷二七五，南疆繹史列傳四，海外慟哭記附錄二，南都死難紀略吏部尚書致仕徐石麒，嘉善縣志卷十九，全書卷四十年譜）。

（十一）于　穎

字瀛長，金壇人。

　　崇禎辛未進士，累官工部員外郎，授紹興知府。爲政清肅，人不敢干以私，政在安民，治先教化，課士尤嚴，朔望必至蕺山家講學（紹興府志卷四十三）。

　　崇禎末，越苦旱，蕺山適家居，書邀穎助（壬午五月），穎贊其計，旱乃得解（全書卷二十與于瀛長太守）。

　　乙酉，馬士英挾太后入浙，蕺山書（乙酉六月）贊穎：「時事之不競以人心崩潰而然」論穎欲斬士英以收既潰之人心，穎故再疏請誅士英。及南京陷，穎偕蕺山歸，結章正辰，熊汝霖等共起兵，而清兵已至杭，蕺山絕粒，穎入山下海力維戰守，卒以兵敗終（小腆紀傳卷四十一，南疆繹史，全書卷

四十年譜）。

（十二）熊汝霖

字雨殷，餘姚人。

崇禎四年進士。擢戶科給事中，直諫有聲，疏凡二十上，屢陳兵事。南渡，起吏科，爲馬士英所忌，歸里。汝霖受知於蕺山。十七年潞王以杭州降，蕺山促于潁守紹興，又招汝霖起事。汝霖亦主別立賢王，並即誓師。蕺山喜，復書贊汝霖「與其默默而死，毋寧烈烈而死」（全書卷二十答熊雨殷給諫）蕺山絕命辭「慷慨與從容，何難亦何易」即感汝霖所賦。後汝霖奉魯王監國，從蕺山志也。後進兵部尚書，督師防江，永曆二年，爲鄭彩所害（明史卷二七六，南明史烈傳第九章舟山始末，南疆繹史列傳十六，餘姚縣志卷二十三，全書卷四十年譜）。

（十三）黃鳴俊

字啓甸，號跨千，興化人。

萬曆四十七年進士。授會稽知縣，政治嚴強，陞禮部主事，時魏璫勢正盛，鳴俊屏跡不與通，擢浙江提學，拒周延儒請私，見斥山東。思宗立起右僉都御史。崇禎十七年，李自成陷北京，蕺山貽書浙撫黃鳴俊，勸其出兵勤王，以爲天下倡（全書卷二十與黃跨千浙撫）。後再貽書鳴俊，獻勤王之計，（全書遺編卷五）初鳴俊聞變，灑泣誓師，提兵入謹，時馬士英柄政，誣蕺山協同鳴俊犯朝，指斥鳴俊勤王，鳴俊痛勢不可爲，終解綬歸。

鳴俊少年明敏，以儒術飭吏治，民驚若神明，著有靜觀軒集（興化府莆田縣志卷二十三，全書卷四十年譜）。

（十四）陳子龍（1608～1647）

字人中，更字臥子，號大樽，松江華亭人。

子龍工舉子業，兼治詩賦，古文取法魏晉，駢體尤精妙。偕郡人立幾社。崇禎十年進士，選紹興推官。十七年以定亂功，擢兵科給事中，命甫下京師陷。其時子龍造蕺山，蕺山語子龍疏請太子監國南京，然未行。乃事福王南京，請召還故尚書鄭三俊，後以時事不可爲，隨蕺山、章正辰等，乞歸。南都陷，遁爲僧。尋受魯王命，結太湖兵欲舉事，事露被獲，投水死，卒年四十。輯有皇明經世文編，著有幾社稿等（明史卷二七七，紹興府志卷四十三，小腆紀傳卷四十四，明詩紀事卷一辛籤，全書卷四十年譜）。

第三篇　成學經過篇

第一章　早年主敬

第一節　性格志趣

　　蕺山先世以耕讀傳家，由顯宦而至退耕，復因其父雖擅文而早歿。故既無世家之憑藉，復乏嚴父之督育，處此惡劣環境，所可資者，惟其自所奮勵，以求超脫之天賦靈根爾。而落拓境域所予其之試鍊，正陶鑄其本性，使其愈加昂揚，終能成己並成物也。

　　蕺山幼年家貧，復以體弱之故，輟學者屢，然絲毫不因此而萎頓其學志。嘗爲就學故，而三遷之壽昌，就中雖道路修遠，益以足目皆病，仍不爲苦。蓋感於先天環境之困苦，於面對此無可如何之世界後，乃潛轉其痛則呼天之避縮心態，強化爲反求諸己之一路。此內收之自我要求之性格，正其日後對治萬象紛擾之人事政壇，眾說並呈之學術思潮；復持續論辯於東林、王門之間，仍能自作主宰地取精用宏，振衰起敝，以求自我樹立之一貫基本性格也。

　　唐君毅述豪傑型人物有云：

> 豪傑型之行爲與精神……見於其能推倒開拓，不顧世俗毀譽得失而獨行其是上。故其行徑，常見其出於不安不忍之心。……有眞知灼見之自作主宰之精神，突破社會與外在之阻礙、壓力、閉塞、與機械化，以使社會之客觀精神，重露生機，……使天地變化草木蕃著也（人文精神之重建，頁 218）。

此自作主宰，突破外在阻礙之特性，即蕺山一生轉折於程朱、陸王之間，砥柱於世道沈淪之際，而能卓然特立之因也。

其天性純孝,事母至謹,承教無敢拂逆,但順母意而後已。以一介遺腹孤子寄養外家,然於生身之父,仍終身哀敬之不敢忘。別號念台,即志念先父秦台公也。及母逝,哀毀骨立,行止一如禮制。自少及長,淡嗜好,寡言笑,動止中規。此蓋由其僕厚天性,復涵泳於道統禮教,所透顯其有以必至者也。其自律甚嚴,信道至篤;舉凡自我修持或督課諸生,以至於刑家進朝,莫不敬謹從事,無絲毫怠惰之情事者。即依此嚴毅性格,為其生命之價值取向。據此取向一面內斂地自我檢點,雖一念之私,一行之過,皆不容於己。一面又外放地對應現實諸家,合道者從,不合者去,則不至於錯用路途,淹流迷謬。故所交游若劉永澄,高攀龍等,皆氣節高卓,互以學行相砥礪之士。然於權貴高門,虛浮文士,並不屑一顧,此非故鳴清高,實此嚴毅性格所必至於此者也。

蕺山先當晚明講學之盛,目睹朝綱日敗,而講論良知者,或流於虛玄,或雜以情識。東林諸君雖欲以實學拯此虛玄時弊,然復自陷溺於意氣相爭之窠臼!滔滔天下,誰與國成?處此黨爭益烈,聖學不明之際,蕺山但友東林,而不黨東林,卒能免於殺身之禍者。蓋在其能嚴分君子小人,把握此中分際,嚴於取與,故自無激越之莽行或苟且之退避,皆其嚴毅自持之性格使然也。觀其論東林之弊可知一二:

> 當君子小人相安之日,則恬者必為君子,兢者必為小人。當君子小
> 人爭勝之日,則勝者必為小人,負者必為君子。然則治亂之數,又
> 誰制之乎?曰「制於人」以君子而為小人爭,是亦小人而已矣!是
> 亂之道也。〔註1〕

能嚴守君子小人行止分際,則小人雖存而非勝,君子雖亡而實非敗也。聖道學問固非表見於黨爭,然於黨爭之際,反可顯現何者方為正道實學。於此則自律嚴,信道篤之蕺山,可謂得之。

蕺山通籍四十五年,立朝者僅四年,而奏疏幾近百篇之眾。但凡劾奸相,責降臣,請修正學、救國要義等皆無所不論。知無不言,而言必盡之而後已!為此雖嘗三去其職,而疏諫仍不少休。其清執敢言,無懼權奸,不顧身家者,蓋由其務求立人以達人,致君堯舜上之嚴毅性格所致也。所謂「吾輩時時將君父放在面前,便一毫苟且不得」。〔註2〕而此嚴毅性格,近及諸身

〔註1〕見全書卷十學言上,頁 577。
〔註2〕見全書卷十三會錄,頁 837。

則為一己向道道動力，遠及諸人則為治平天下所當具之情操也。然欲躋身此境，終身不二。便當時時克省其種種欲念，一刻怠惰不得，一處放下不得，方能有成。然處此艱辛恒久之修持過程，其所須具備之堅忍耐性，與一貫不改之毅力，亦正蕺山嚴毅與自為主宰之性格，所足堪承擔而完成之者。故蕺山絕食殉國時自謂「胸中有萬斛淚，半灑之二親，半灑之君上」。〔註3〕此耿耿孤忠句句血淚言語，實出自其篤實踐履之工夫，及嚴毅自持之性格，而無一毫虛誇做作也。

故蕺山親歷國鼎淪亡，而以道統自持，復屢辯正其誠意慎獨之學，終能自立於世者。雖為諸般因緣所完成，然其純厚之天性，嚴毅自主之性格，實為推動貫穿其一生學行之首要內在基礎也。而此內在基礎，復因外在試鍊證明其獨特與的當，而愈益光顯出具此性格者也。而蕺山一生行止，正有足堪為人倫之表率，復令人感發而興起者。其子劉汋贊其父之文，可為定評，曰：

> 蓋自作止語默，以至進退辭受，無非一誠之所貫徹，而至於臨難一節，從容就義，全而生之，全而歸之，不虧體，不辱身，忠孝兩慊，仁義兼盡，死合夷齊首陽，曾子易簀而兼有之。信乎可以挾皇綱，植人紀，歷千載而不朽也。〔註4〕

第二節　恪守母教

蕺山早年以家貧體弱，故屢輟學。然其後日剛毅不苟之性格，及篤實學問之根基，卻植基於此時，蓋與其嚴格之母教，外祖之啟發及早年向學環境有關也。

蕺山母章氏為為章穎之女，年二十七生遺腹孤子蕺山，平居皆槁形容，絕言笑，唯刻苦自勵，躬操紡織，冀以此貲助家計，供子就塾。章氏早經此喪夫撫孤之變，乃堅忍其殘缺生命之悲痛，棄絕其凡人自具之外放情欲，唯聚此緊斂之心神精力，專專投注於蕺山一身，則其寄望之深切，顯而易見。然處此寡母孤幼之境，若彼等無超脫此客觀困境之主觀自覺；或雖見此自覺，而乏精神價值，生命目標之導向，則仍為轉徙於溝壑泥途之凡俗百姓

〔註3〕見全書卷三十九行狀，頁3462。
〔註4〕見全書卷四十年譜下，頁3720。

爾。若具此超脫之主觀自覺，復具一精神價值，生命目標爲其導引者，則斷斷不能長久地甘受此等束縛，而必思有以突破者也。章氏承其家學薰陶，自不能習以此爲常，而當思有所突破，超脫此困境者。故謂蕺曰「勉之，爲爾父爭氣，望遠大，吾願足矣。〔註5〕

然突破爲一事，如何突破此客觀外在又爲一事。蓋達者有其通達開朗之方，窮者有其窮絕專苦之法，二者難易不同，方向有別，其爲抒困者則一也。孤貧之章氏，自屬後者。故其於蕺山之步趨言動，不稍假借，有過輒責之。見有輕浮氣息，尤所深斥之，嘗曰：「戒之！戒之！無多言，多言敗德；無多動，多動敗事」。〔註6〕爲使蕺山無失學，嘗三遣壽昌，雖道途修遠，甚至足目皆病，而章氏竟無絲毫姑息之色。〔註7〕及蕺山舉鄉試，暮歸衣便服謁章氏，章氏恚責其曰「爾倖爲舉子，獨無舉子服可服，而以私褻也。又遲遲入夜，簡親棄禮，自此始矣」。〔註8〕章氏鉗搥其若是嚴謹，乃陶鑄出蕺山剛毅奮進之意志；亦爲日後接觸程朱克己敬說，能欣然領受之潛因。

自蕺山觀之，其嚴格之母教，但予其充分之正面壓力，非徒不爲其所逃棄，反益凝其生命挫折之壓力，轉爲向道修身之持續動力，以求超拔于先天之困境。寒門孝子，憂勞興國，此之謂也。此中另有一或可啓示吾人者，即若專就生命情態之取向綜言之，則就章氏摒棄一切外在糾葛，將其本可多向發展之生命，專移其重心於撫孤一事以觀。實頗類於蕺山成學之由主敬工夫而至「慎此獨體」，復植基深微於「意根最微」之誠意工夫；其日益精深專一，重合輕分之成學過程也。二人相類之生命情態，雖不能肯定其有必然因果關係，但或能啓吾人注意其潛在相通者，而非僅以巧合視之也。

蕺山年十歲，以家貧無以就塾，乃從外祖章穎受書。章穎，字叔魯，號南洲（詳師友考）。早年從謝狷齋，徐九里受易，遂肆力於經術，而挺然自立，爲易之名家。好高談古昔，稱說經史，蓋以講學爲其志業所在也。然律己甚嚴，動止皆循禮法，雖造次之際，亦不設惰容。性剛毅正直，雖假館貴人家，亦不語私涉利，此由質性使然，非矯飾也。教學量人材器而使之，善於指授後進。所指務求中學者心術之微，使其恍然領受而後已。每於指點興發之際，鼓其淬厲直前之氣質，評騭人物以激濁揚清，使聞者莫不鼓舞忘

〔註5〕見全書卷二十二，章太淑人行狀，頁1850。
〔註6〕見全書卷四十，年譜上，頁3500。
〔註7〕據全書卷四十，年譜十二歲事。
〔註8〕見全書卷二十二，章太淑人行狀，頁1852。

倦，欣然向道。蕺山久聞其琅琅高談古人忠孝節義事，〔註9〕即於其生命向上探索之各種契機中，得一表率群倫，安然自處之目標，而以此爲畢生之職志。故自幼即以聖道爲其生命精神之取向，以干名求祿之學爲恥。及蕺山位至顯宦，而能不迷惑於權貴勢利，始終以講學救世爲務，竟至抱道殉國，九死不悔者，皆其植基根深之早且固也。

年十二居壽昌嘗病目，其間經史皆穎爲之口授；穎復獨擅己見，硃筆眉注之以授其易經，則穎造就寄望之殷切可見。蕺山長久浸漬於此以學做聖賢，推重經典爲生命主要導向之教育環境中，其向道力學，自屬必然。此皆穎扶植裁成之功，故蕺山祀穎曰「先師」，稱師不稱戚，志其師範之恩也。後師魯念彬改習縱橫變化之先秦左傳書，與穎教授之規矩繩墨有異，乃自爲調度，奇偶並行，遂並愜二師之意。〔註10〕蓋本性明敏，隨機善體，不致陷溺一途，或昧於諸端，而能深諳事理，達本明源。此即事辨折，自決主導之能力，已初露曙光於此際。及其成學，自能論辯於白馬之陶石梁，簡擇於東林諸子，折衝其間而卓然自倡「體用一源，顯微無間」之誠意教也。其間學之志向與根底，實肇因於嚴毅之母教，與外祖之提拔，而無礙於貧困之家境也。故舉鄉試第，試官許爲「道器」，稱其文曰「讀其文如鶴唳九霄，迥絕塵表，知他日非徒以名位顯也」。〔註11〕

第三節　師許教菴

蕺山年二四舉進士復丁母憂越二年欲上朝旌表母節。武林陳植槐感其誼，爲之介紹德清許孚遠，爲文表彰其母。後蕺山至德清贄於許孚遠。問爲學之首要，孚遠答以「存天理遏人欲」之旨；復爲其母作傳，終以「敬身之孝」勗之，曰：

> 使念念不忘母氏艱苦，謹身節欲，一切世味不入於心，即胸次灑落光明，古人德業不難成。傳所謂求忠臣於孝子之門，乃劉氏所以報母氏於無窮也。〔註12〕

蕺山家教嚴謹，言行規矩，凡事先求諸己而後求諸人，此內向反省，克治存

〔註9〕見全書卷二十三，南洲先生傳，頁1857。
〔註10〕據全書卷四十，年譜十七歲事。
〔註11〕見全書卷四十，年譜上，頁3500。
〔註12〕見全書卷四十，年譜上，頁3504。

誠之修爲工夫，實正符合朱子「收斂身心，整齊存一，不恁地放縱，便是敬」。〔註13〕之說法。故及聞孚遠謹身節欲主敬師說，則其平素但習於約束省克，然昧無理念爲其安頓主宰之身心，突得去此迷障，而得原本眞實地呈顯其主腦思想。即如長夜矇昧中，初睹燦然朝陽，自然興奮鼓舞，持守不懈。故謂「入道莫如敬」，而「敬則誠，誠則天」，其成學之道之基，實奠定於此時。

　　許孚遠，字孟中，號敬菴（詳師友考）。學自湛甘泉門人唐樞。其學貴篤實躬行，以反身尋究爲功，以克己爲要，其論格物曰：

> 人有血氣心知，便有聲色，種種交害，雖未至目前，而病根尚在；
> 是物也。故必常在根上，著到方寸地，灑灑不掛一塵，方是格物。
> 〔註14〕

格物即在克去己私，則人心天理具存，而日常作爲間，莫非定理，故人「存天理遏人欲」爲問學首要，故謂：

> 人心本來具此生理，名之曰仁。此理不屬血氣，不落形骸，故直言
> 克己，己私一克，天理具存，視聽言動，各有當然之理，故云復
> 禮。〔註15〕

蕺山即承孚遠克己之說，重克己爲仁，修己以敬之旨。又分己有眞己，私己之別。以「此方寸之中作得主者，是此所謂眞己也」，〔註16〕即以天地萬物與我同體之大我爲眞己；而相對之形體念慮與天理分者之小我爲私己。克己在克制其有形軀體，念慮起滅諸相之私己。能克除私己，便可達物我合一之眞己，即聖門仁者境界。故曰：「求仁是聖學第一義，克復便是求仁第一義」。〔註17〕蕺山秉此上溯程朱「窮理以致其知，反躬以踐其實，居敬所以成始成終」之克復居敬師說，故事無鉅細，皆謹凜檢點，不分內外，一以敬持之。故曰：

> 敬該動靜。靜坐端嚴，敬也；隨處檢點致謹，亦敬也。……大抵聖
> 學惟敬，至於無眾寡，無小大，只是一個工夫。〔註18〕

〔註13〕見朱子語類卷十二學六。
〔註14〕見明儒學案卷四十一，甘泉學案五，許孚遠與蔡見麗書。
〔註15〕見敬和堂集，原學篇二。
〔註16〕見全書卷四聖學吃緊三關，頁313。
〔註17〕見全書卷十學言上，頁567。
〔註18〕見全書卷十學言上，頁590。

隨處謹凜以敬貫之，工夫愈精微愈實在，由此說愼獨，誠意以言道德實踐方爲可貴，不致流於虛玄蕩肆。故蕺山從孚遠游雖僅二載，然一生篤守孚遠敬說，爲學重踐履而去虛知，固爲其愼獨誠意之基礎工夫，所謂「爲學之要一誠盡之矣，而主敬其功也」，〔註19〕而孚遠實蕺山步趨理學門庭之啓蒙老師也。

第四節　尙友劉高

（一）劉靜之

　　蕺山年二十七，赴京師司官行人，平居但鼓篋讀書，謝一切造請。時同年劉靜之官國子學正，潔己好脩，二人一見莫逆，互以學行相切磋。劉永澄，字靜之號練江（詳師友考）其學宗紫陽，由踐履而證操存，歸本於持「敬」。論交東林而意氣風發，以孟子「集義」二字爲學問入手處，爲東林氣節之表率，尤嚴分邪正好惡，如謂：

> 聖賢只在好惡前討分曉，不在好惡時持兩端，如慮好惡未必的當，
> 好不改到十分好，惡不敢到十分惡，則子莫之中，鄉愿之善耳。

〔註20〕

蕺山年三十四，嘗與靜之會於西湖，互論求仁之旨，析主靜之說，辯修悟之異同纏纏三日不倦。時黨論初起蕺山以病體閒居，方習靜坐，此非僅生理之靜養，亦其體認靜坐存養工夫之始。故與靜之論主靜存養之功。〔註21〕然靜之駁之曰：「子說第險耳，如躡懸崖，幾難試一武。」（同上）蓋靜之主張事事校勘檢點身心，去除內裏不義諸端，使天理本體日漸歸復，重克省工夫，反談玄虛靜之論。〔註22〕而蕺山初習靜坐，尙未能涵養深刻無弊。及聞靜之切中膏肓之責，不禁瞿然汗下，乃重自檢討靜坐一端。以爲靜中固可識事理，然日用間，仍須提一主腦以窮理，方可免虛玄無根之弊，所謂：

> 湛然寂靜中，常見諸緣就攝，諸事就理。雖簿書鞅掌，金革倥偬，
> 一齊俱了，此靜中眞消息。若一事不理，可知一心忙亂。在用一
> 心，錯一心；理一事，壞一事。即豎得許多功能，亦是沙水不成
> 團。如喫飯穿衣，有甚奇事，才忙亂，已從脊梁過。學無本領，漫

〔註19〕見全書卷十三會錄，頁852。
〔註20〕見練江集，好惡篇。
〔註21〕見全書卷四十年譜上，頁3511。
〔註22〕見明儒學案卷六十，東林學案三，劉靜之先生永澄。

言主靜，總無益也。〔註23〕

主靜當有本領，使此中光明，如此涵攝諸理，方能於事無不見。此本領即指靜中當有一常惺惺之主宰，規矩心思使不外逐於物。此即指出主靜浮泛無根一事。而蕺山早期主敬之時，見此浮泛，即以逐一用事之敬以暫時對治之。然敬乃工夫方法，仍不足解決此欠缺一主宰，安頓處之無根之惑；面對此懸虛無根之刺激，終促使蕺山發展出靜存含動察；慎獨說以靜爲主宰之理論根據，方使主靜有其主宰，不致虛無矣。

（二）高景逸

蕺山年三十五，因劉永澄之介，本欲訪東林顧涇陽，適涇陽卒，乃改訪高景逸，從此往返論學多年，彼此甚爲相得。蕺山爲學行事，尤多受景逸薰炙。故年譜記云：

> （蕺山）先生平生爲道交者，惟周寧宇，高景逸，丁長孺，劉靜之，魏廓園五人而已；而景逸與靜之，尤以德業資麗澤，稱最摯云。〔註24〕

高攀龍，字存之，號景逸（詳師友考）。與顧涇陽同爲東林領袖。其學一本程朱，以格物爲要，以知本實踐爲宗，以居敬窮理爲終身志業。教人讀聖賢書，若學庸論孟，周程張朱，皆當研討而服行，故重著實工夫，「不患本體不明，但患工夫不密」。程朱之格物，以心主乎一身，理散在萬物，存心窮理相須並進；而景逸以反求諸身，爲眞能格物者；而以格物工夫爲大學第一義。宗朱子主敬窮理，以爲：

> 主一謂之敬，無適之謂一。人心如何能無適，故須窮理，識得本體，所以明道。曰「學者須先識仁，識得仁體，以誠敬存之而已」故居敬窮理只是一事。〔註25〕

又主靜坐之法，以期喚醒此心，使卓然長明，以攝此本然天明，非思非慮之獨者，即敬也。而爲學工夫但在主敬一事，讀書以窮此，靜坐以體此，會友以明此，如此心無所適，自然敬矣。蕺山初識景逸，有論學之書，論居方寸，論窮理，及儒釋異同與主敬之功。〔註26〕蕺山三書已佚，然景逸論學書中，有答蕺山書曰「敬者絕無之盡也，有牽釐絲忽在便不是，有敬字在亦不

〔註23〕見全書卷十學言上，頁566。
〔註24〕見全書卷四十年譜上，頁3513。
〔註25〕見明儒學案卷五十八，東林學案一，高景逸先生攀龍。
〔註26〕據全書卷四十，年譜三十五歲事。

是」。〔註27〕蕺山自此益反躬近裏，持己以敬。景逸居恒駁釋禪，以爲聖人與釋禪異在一性字，聖人以理言性，「釋氏最忌分別」以無善無惡言性。〔註28〕此蓋沿於東林主以善惡相對之善爲性之至善，以反對陽明欲破除相對相以進至絕對之性善；以此不思善不思惡之絕對善爲雜禪之說，蕺山於崇禎五年亦秉東林性善說立性善爲第一義，以對治陽明「無善無惡心之體」一語，其潛因即種於此時。及景逸自沈，書衣帶有「心如太虛，本無生死」語，或以爲近禪，蕺山爲辯曰：

> 心如太虛，本無生死者。先生心與道一，盡其道而生，盡其道而死，是謂無生死；非佛氏所謂無生死也。又處化時，端立水中，口不入勺水，先生平生學力堅定，故做得主張如此，攝氣歸心，攝心歸虛，形化而神不化，亦吾儒當事。〔註29〕

此崇禎五年語，蕺山年五一，距論交十有六年矣。後蕺亦抱道殉國，如景逸實蕺山學行之亦師亦友者，而二者實皆堪爲道德實踐之表率也。

（三）鄒南皋、馮少墟

天啓二年，蕺山年四五，起禮部主事，時鄒南皋，馮少墟以廣寧棄守，清兵逼關，人心崩潰，乃集合同志講學於首善書院；而蕺山，景逸皆左右之。〔註30〕鄒元標，字爾瞻，號南皋（詳師友考）。少從泰和胡直游，即有志道學，直師江右王門之羅洪先、歐陽南野。其天性慷慨毅然，議論則從容純和，以「天下治亂，係於人心，人心邪正係於學術……余明學其道無由」，〔註31〕故主講學救世。其學以識心體入手，以行恕於人倫事務之間，與愚夫愚婦同體爲工夫，以不起意空空爲極致，離達道無所謂大本，離和無所謂中，故不諱言禪學（同上）。馮從吾，字仲好，號少墟（詳師友考）。幼即深契陽明「人心有仲尼」句，以聖人自期。好濂洛之學，與蕺山同受業許孚遠。其學在本原處透澈，未發處得力，於日用間，取先正格言，體驗身心，事事點檢，以求合本體。〔註32〕故其論格物曰：

> 言致知不言格物，則落空……致知是致其知所先後之知，格物是格

〔註27〕同註25。
〔註28〕據明儒言行錄卷三，高景逸。
〔註29〕見全書卷四十年譜上，頁3546。
〔註30〕據全書卷四十年譜四十五歲事。
〔註31〕見明儒學案卷二十三，江右王門學案卷八，鄒南皋先生元標。
〔註32〕見明儒言行錄卷十，馮少墟。

> 其知如何致，意如何誠，心如何正，身如何修，天下國家如何齊治
> 平，節目次序一一講求明白，則誠正修齊治平功夫才得不差……此
> 所以格物乃大學第一義。〔註33〕

其書讀四書五經，近思錄等，交友重敦篤實行，戒空談者。以國家無事而
士大夫不知節義，及臨難又踵相逃棄，故亦主講學以喚起親上死長之節
義。〔註34〕故蕺山云：

> 鄒南皋近于狂，高景逸近于狷，馮少墟彷彿中行之概，論儒者矩
> 矱，少墟第一。〔註35〕

南皋、少墟二人主講首善學院，每有疑義，必與蕺山、景逸論辯問難。蕺山
以重躬行之少墟為當，而不與宗解悟之南皋也。蓋此時，蕺山篤守主敬師
說，幾近二十載，自然涵養深切，修為篤實，論學自主馮之躬行而避鄒之解
悟也。復值此國無可抗敵之兵，有逃城之將；朝無擔綱之臣，有亂政之逆
閹；東林諸君，昧於意氣，致身毀而國亡；一般士人，溺於虛無，遂逃禪以
全生之際，以為救亡圖存，拯陷溺以自強，唯在講求篤實踐履，從根做起之
學問一途。而其克復主敬工夫，正符合此政治，社會背景之要求，而益堅其
以「敬」成學之旨趣。蕺山講學救敝，期能福國淑世之踐履學說，於講學首
善學院期，已可見其鍼砭時代之歷史意義矣。

第五節　反對王學

　　蕺山早年從主敬師說，復友東林重實踐諸君，為其主敬一貫發展之正面因
緣。然其中尚有蕺山面對負面因緣，所作之自我反省與自覺。蓋其成學之價值
取向，係由其全體人格、思想、性情、師友學風等所綜合反應出者。與其性格
相近之師友學風，自易親近相應，消化依從之；而不相近之師友學風，則予其
對己相應之學術師友，有一反省簡擇之機。如此相近者固可益堅其取向，而不
相近者適可藉此以反省其相近者為的當否？抑一時之誤導？經此正反兩端之折
衝，自能形成其自我主宰選擇之具體主導理念。以下即述蕺山反王翻使促其主
敬之負面因緣，及其對應態度。然蕺山此期反王，但見王門末流虛玄之弊，實
尚未瞭解陽明本旨。及至天啟六年，蕺山年四十九提慎獨說，復輯皇明道統錄，

〔註33〕見少墟集卷二，疑思錄一。
〔註34〕見長安縣志卷二十七。
〔註35〕見全書卷十三會錄，頁803。

方實際接觸陽明學說，其境界、見識又異於此期矣。

　　自陽明卒後，王學遍及全國，其最著者若浙中、江右、泰州皆各秉一端以傳。浙中王龍溪以本體圓滿自足，不假外求，不用工夫之現成言良知；江右聶雙江、羅念菴以守靜歸寂工夫涵養良知；泰州王心齋父子將本體具足之現成良知落至現實，而言凝道與身為一之安身義。而於日用周流間，若無實地工夫，則流行只是光景，故龍溪易流於虛無；雙江、念菴易失之偏枯；而心齋近於禪門，至周海門、陶石簣、石梁兄弟，益不諱禪，至援儒入佛也。故至晚明，王學末流疲敝已極，諸生易近功利，明哲保身，清談誤國、放縱恣肆等弊端。〔註 36〕蕺山生當陽明謝世五十年後，置身此學術頹風中，不得不有所抉擇以對應之也。

　　蕺山年三十，居祖父兼峰公之喪，暇日教授於大善寺僧舍，與泰州陶石簣前後往來十餘載。陶望齡，號石簣，謚文簡（詳師友考）。石簣與蕺山同師事章穎。復師於周海門，泛濫方外，談玄說理，論道不諱佛禪。精研內典，講論性命之學，悅宋之楊慈湖，明之陽明、龍溪、近溪。陽明之於佛氏，揚抑而陰扶，蓋得其彌近理者，而不究毫釐之辨。然其時湛澄，密雲悟等禪家言良知者。皆石簣引進，其弟陶石梁又踵其兄說，張皇其教，遂使宗風盛於浙東矣。〔註 37〕楊慈湖學以不起意，自然靜定為宗。而石簣亦言泰州現成良知，以本體周流自足，只一不二，而主時時念念放下去，勿起念造意。如此道外無事，事外無道，即是現成良知。其論窮理盡性曰：

> 問窮理，曰「川窮於海，其實未虧，而無川名，知理之未始有理者，其流合也，故窮矣」問盡性，曰「冰盡於水，其實未虧，而無冰名，知性之未始有性者，其形釋也，故盡矣。」〔註 38〕

即以事理不二，故論動靜，亦自處事之外，據物之上以觀本體，而無分對待之動靜。故曰：

> 君子之心常動常靜者，不可兩分之說也。水終日流而不害靜，石感而聲，風感而波，山湧人立，其靜未改，斷溝瀦澤，風之亦波，導之遂往，其動未改，將以奚分動靜。〔註 39〕

〔註 36〕據程運先生晚明學術風氣之分析一文。
〔註 37〕見明儒學案卷三十六，泰州學案五，陶石簣先生望齡。
〔註 38〕見歇菴集卷十二，窮理盡性至命解。
〔註 39〕見歇菴集卷七，寧靜致遠論。

無分動靜，事理無二，皆夾雜說無者。而石簣之勿起念造意與慈湖之不起意，蕺山即評曰「慈湖言無意，分明是禪家機軸，一盤托出」。〔註40〕

石簣師海門，海門於蕺山少時曾講良知於越，蕺山本欲受教因事未果。及海門謝世，蕺山年五十為文祭之，〔註41〕於此數十載往還間，當知其學旨矣。周汝登，字繼元，號海門（詳師友考）。其學源自泰州王心齋，羅近溪，曾問近溪何謂擇善固執，近溪當下指點「擇了這善而固執之者也」從此便有悟而師事之。復受法苑珠林於近溪，故於南都會講時，發明天泉證道龍溪四無之說。同時之許敬菴信良知說，而惡援良知入禪者，故反無善無惡之說，作九諦以難之。以為性無不善，故知無不良，良知即是未發之中。而陽明無善無惡心之體一語，在指未發之中之廓然寂然者言即形容心之靜也。非謂性無善無不善也，宜合後陽明後三句教言，始為無病。海門則作九解申無善無惡之旨。以為善且無，惡更從何容，無病不須疑病也；惡既無，善不必再立。蓋頭上難再安頭，本體者著不得纖毫，一有著便凝滯不化矣。〔註42〕故謂良知云：

> 心性有兩名，而無兩體。知是知非之謂心，不識不知之謂性，似有分矣！然而不識不知，非全無知識之謂，即知是知非，而不可以知識言也。此知通乎晝夜，寧有間時，方其是非未萌，無是非而知則非無，及其是非既判，有是非而知亦非有，知而無知，無知而知，是之謂良知。〔註43〕

其以虛無說良知，而所主之性無善無惡者，即釋氏所謂空不殊者。其教人貴在能直下承當，頗類其師近溪之宗門指點作用（同上）。所輯聖學宗傳一書，盡採先儒語類禪者入之，尤見參禪之一般。故黃宗羲於蕺山行狀述曰：

> 浙東之學，新建一傳而為龍溪，再傳而為周海門、陶文簡，則湛然澄之禪入之，三傳而為陶石梁三雜以因果僻經妄說，而新建之傳掃地矣。〔註44〕

越中由龍溪而海門而石簣，皆以禪說良知，遂遞衍遞失其旨。蕺山處此良知夾禪之學風，又親友于海門、石簣諸人所聞見者，頗違其克復主敬之學旨，

〔註40〕見全書卷十學言上，頁579。
〔註41〕據全書卷二十三，祭周海門先生一文。
〔註42〕據明儒學案卷三十六，周海門先生汝登。
〔註43〕見東越證學錄卷六，王門宗旨序。
〔註44〕見全書卷三十九行狀，頁3471。

自有所不愜於內而表諸外者矣！而其此時反對者，主在王門但重言本體，而輕忽工夫邊事也。

其於年三十六，有與陸以建（詳師友考）書五通，緣由以建論學先提主腦，而略省察克治工夫。而蕺山借此評王門不重克己工夫，不用學問思辨，但直信本心以證聖，重本體輕工夫者爲不當。其第一書云：

> 要之，象山陽明授受，終是有上截，無下截，其旨痛險絕人，與龍溪四無之説相似。苟執其説而一再傳，終必弊矣。觀於慈湖龍溪可見，何況後之人乎。〔註45〕

上截是化境，下截是基礎，須下學以上達方是無病。而龍溪四無教法，唯在接引利根之人，使其一悟本體便是工夫，人己內外一齊俱透。然此等天縱化境，雖顏子、明道尚不易及，遑論他人。而四有教法，則教人在意念上實落爲善去惡，以明本體，正是對治氣質私欲之工夫。〔註46〕故蕺山傾向四有教法，而反龍溪四無教法；其反龍溪者一以其虛玄而蕩，一以其近於釋氏。蓋龍溪四無教法，只重上截之靈明本體，而乏下截之克治洗心，愼獨格物等工夫，以去氣質敝障等人生必然者。故稍不愼，便極易流於虛玄蕩肆，此蕺山深以爲不可者一。故於同年與以建之書二即指此弊云：

> 今世俗之弊，正在言復不言克，言藏密不言格物。遂不免離相求心，以空指道。以掃除一切爲學，以不立文字，當下即性宗。〔註47〕

「離相求心」者，即蕺山以龍溪先物以求心，爲近釋説也。蓋先物以求心，即離物以求心，正與即物以求心相對。其關鍵在心物是否二分，若心物二分，則須先物以求心；若心物不分，便是即物以求心。蓋先物求心，則心物二分，則心是虛無，物是情緣；而所謂格致誠正，皆成虛無邊事，不成其即物求心之格致誠正矣。故龍溪以心意知物爲無善無惡者，則心意知物乃成無心，無意，無知，無物，並無一切格致誠正、修齊治平等事矣。而龍溪之心物二分者，其虛無其情緣，實類釋氏之性空緣起矣。而蕺山於年四十，因年友王弘台論學，亦提主翁，以釋證儒。故於答書中，以即物求心，格致誠正工夫，力評龍溪先物求心說，病在近釋也。其論甚闢，錄之如下：

> 第其所謂主翁者，即物以求之乎？抑先物以求之乎？如先物而求之

〔註45〕見劉子全書遺編卷四，與以建書一。
〔註46〕見傳習錄下，頁258。
〔註47〕見全書卷十九，與以建書二，頁1307。

也，則心自心，物自物矣。而復本心以格物，是役心於外物也。勢必偏內而遺外矣。焉能格之？焉能致之？即其所爲格而致焉者，亦格其無物之物，而非吾之所爲物也。且致其無知之知，而非吾之所爲知也。且其所爲誠與正者，亦無意之意，無心之心，而非吾之所爲心與意也。修齊治平，一舉而空之矣！此龍溪之說，所以深於釋氏而不自知也。〔註48〕

第六節　主敬工夫

蕺山年四十九前，爲其成學初期，秉承師友一貫主教之啓迪，以「敬」爲入道基礎。凡思慮云爲，皆當「從整齊嚴肅入，自貌言之細，以至事爲之著，念慮之微，隨處謹凜」，〔註49〕而此以實踐道德爲成學之主導理念，對應於萬曆、天啓年間，王門末流清談誤國，放縱恣肆之頹風；復友于海門、石簣等以禪說良知者。即悟此高蹈虛玄之弊在重言本體，輕乎工夫一端。乃有承東林涇陽、景逸提倡實學工夫以救人心陷溺之明白趨向。蕺山即在東林、泰州二者師友之推助下，終能相反相成地益肯定「敬」爲其成學初期之主旨。主導即立，而其中學行著作，便皆與此主敬精神相呼應，內則存養檢點身心，外則所行所接一以敬爲取捨矣。年三十六，上修正學以淑人心以培國家元氣疏者，可具見其此時學行之主要方向。疏云：

> 憲成之學，不苟自恕，扶危顯微，屏玄黜碩，得朱子之正傳。……
> 王守仁之學良知也，無善無惡；其弊也必爲佛老頑鈍而無恥。伏維
> 皇上表章正學，明示在朝諸臣，弗得肆爲攻擊，以傷東林之賢者。
> 〔註50〕

及年三十九，作酒色財氣四箴；年四十，作論語學案，座右銘；年四十二，作曾子章句；皆強調日常修爲，矯輕警惰之工夫者。年四十七，輯正學錄，以推尊學宗朱子之方孝孺；重刻尹和靖先生集，表彰程門主敬最力之尹和靖者。〔註51〕皆其成學初期主敬學旨一貫之表現。以下即述其主敬思想。

蕺山敬說基本源自程朱。明道其主敬在求「識仁」，其識仁一篇謂「學者

〔註48〕見全書卷十九，與王弘台年友，頁1300。
〔註49〕見全書卷四十年譜上，頁3504。
〔註50〕見全書卷十四，修正學以淑人心以培國家元氣疏。
〔註51〕據全書卷四十年譜，三十九、四十、四十二、四十七等歲事。

須先識仁……識得此理，以誠敬存之」。〔註52〕故其工夫主在去除私心障礙，破除物我對立，以復仁體之全。伊川則以涵養力行言敬，所謂「涵養須用敬」。〔註53〕即以敬爲由內而外，陶冶心性之工夫。其入手處在收攝心神，勿使他往，所謂「主一之謂敬也」。〔註54〕又云「動容貌、正思慮，則自然生敬」。〔註55〕則以整齊容貌思慮，使無一毫人欲夾雜者爲敬也。而朱子承二程之說，以爲「敬即心自作主宰處」，又云「敬不是萬慮休置之謂，只是隨事專一謹畏，不放逸耳。整齊收斂這個身心，不敢放縱，便是敬」。〔註56〕則以居敬爲專一，勿散之謂。蕺山即承程朱涵養主一，識仁本體之旨以言敬。

　　入道莫如敬，而「敬」者何？程子以「主一無適」爲敬。蕺山亦云「主一之謂敬，心本有主，主還其主，便是主一」。〔註57〕主一者指心在一處，不爲思慮所亂，無事時是一心，有事時亦止是一心，即主還其主也。無適者，由主一來，適者往也，專心一致，則無旁騖之謂；心能主一，自不爲外物所雜。故云「主一只是專一，蓋無事則湛然安靜，而不驚動，有事則隨事應變，而不及乎他」。〔註58〕如此主一時，無事即無事，有事只主此一事，如無事般，故「心中無一事便是敬」，〔註59〕而敬只是自心自省，當體者便是。此敬之「主一無適」義也。故曰：

　　　　中有主則實，實則外患不能入，自然無事。敬而無失，便是喜怒哀

　　　　樂未發謂之中。敬不可謂中；敬而無失，即所以爲中。〔註60〕

敬以敬此主一，使無散失，即謂「主一無適」也。而聖賢千言萬語，只在要人放心，反復一身而已，故曰：

　　　　大抵聖賢惟敬，自小貫大，更無破綻，學者由灑掃應對而入，至於

　　　　無眾寡，無小大，只是一個工夫。〔註61〕

然天地設位其間，活潑發用，周流不息，而此常惺惺之敬，亦行乎其間不

〔註52〕見二程遺書第二上，二先生語，頁3。
〔註53〕見宋元學案卷十五伊川學案上，語錄。
〔註54〕見粹言第一，頁3。
〔註55〕見二程遺書第十五，頁5。
〔註56〕見朱子語類卷十二學六。
〔註57〕見全書卷十二學言下，頁739。
〔註58〕見全書卷四聖學吃緊三關，頁329。
〔註59〕見全書卷四聖學吃緊三關，頁330。
〔註60〕見全書卷四聖學吃緊三關，頁317。
〔註61〕見全書卷十學言上，頁589。

已，此敬「無間斷」義也。故曰：

> 敬齋云敬無間斷，便是誠。予謂心有間斷，只爲不敬故，若敬則自
> 無間斷，敬則所以誠之也。〔註62〕

以主一言敬，蓋心在一處而不擾散，非謂持某一心存於心中作主，以爲應事之
則，如此則爲「執一」，非「主一」矣。人處紛擾之際，往往欲執一「中」以解
之。而執中者，是以一心代他心，心中執一把柄以思以知，則心又爲此把柄所
亂，故「敬不可謂中」。主一者，謂無事時，盡此心無事，勿橫生枝節。此時心
雖有知，尚有一心，然其無所思，無所知如同無心無執也。故謂：

> 蓋天理微渺之中，著不得一毫意見伎倆，與之湊泊，才用纖毫之
> 力，便是以己合彼之勞，安得有反身而誠之樂。誠只是誠此理，敬
> 只是敬此誠，何力之有？〔註63〕

此常惺惺之敬，不著於外物，則心亦不應繫於事。蓋當其靜時，事物未至，
止是一明覺，並無習妄之心；及事物至，又燭得理明，喜怒得當，是非分
明。待事既去，念慮亦去，不繫於心，心又如無事般；則心自不繫於事，著
於物矣！此敬之「不得執著」之義也。所謂：

> 道本無一物可言，若有一物可言，便是礙膺之物。學本無一事可
> 著，才有一事可著，便是賊心之事。如學仁便非仁；學義便非義；
> 學中便非中；學靜便非靜。祇有誠敬一門，頗無破綻。然認定誠
> 敬，執著不化，則其爲不誠不敬也。〔註64〕

人自有生以後，物欲遂起，習染益深，而遇事及物時，雖亦窺得見幾分義利
是非，終難勝卻己私，故須以敬涵養之。本心發露時，便不欺它，但順它
行；一有私欲萌發其間，則加芟除，勿使害之。如此栽培涵養，不助長，不
遺忘此心，自能有得。故曰：

> 凡人自有生以後，此心隨物而感而逐於物，則五官爲之牖矣。一向
> 放失在外，一旦反求，欲從腔子內覓歸根，又是將心覓心。唯有一
> 敬焉，爲操存之法，隨處流行，隨處靜定，無有動靜、顯微、前
> 後、巨細之歧，是千聖相傳心法也。〔註65〕

〔註62〕見全書卷十二學言上，頁747。
〔註63〕見全書卷五聖學宗要，頁373。
〔註64〕見全書卷十學言上，頁580。
〔註65〕見全書卷十學言上，頁588。

此隨處周流靜定，無有動靜，顯微之敬者，固為學者克治紛擾，約束放心之操存心法。然只欲專一一事，若無事，勿強自生他事端。若專以敬為事，便是助長矣。故於勿忘勿助間，乃敬之眞用力處，所謂：

> 此心絕無湊泊處，從前是過往，向後是未來，逐外是人分，搜裏是
>
> 鬼窟，四路把截，就其中間不容髮處，恰是此心眞湊泊處。〔註66〕

故若佛老言坐忘，因其有心坐忘，胸中早具一學仙成佛之私念。而專在自家軀殼生死上起念，那是助長其念，則其所言坐忘者，實非心之湊泊處，故蕺山評佛老起念非敬云：

> 夫子所云異端，即近在吾心從人欲起念者是。凡從生死起念，便是
>
> 佛；從成毀起念，便是老。〔註67〕

果能專一己心，不忽此忽彼既此復彼，不毋意毋必毋故毋我，無參雜計較，心毋勿忘勿助長，便是敬。又嘗謂「未靜，敬也」。〔註68〕以乾乾不息中，其靜常在，而投閒抵隙者，多在動處。及動返於極，又不離靜，依其本然，雖聖人亦不曾動些子之謂也。此敬之「勿助勿忘」之義也。

日用之間，凡所行者，若出入闈闥，應接賓客；或靜觀書冊，思想已往未來，皆須以敬持之；否則此刻難無過，及時移境改，患慮便生，前之所行，現成妄行；今之妄念，緣於前念矣。而唯君子不以閒居而肆惡，不以造次而違仁者，為其修己以敬也。故知：

> 敬該動靜。靜坐端嚴，敬也。隨事檢點致謹，亦敬也；敬兼內外。
>
> 容貌莊肅，敬也。心地湛一，亦敬也。〔註69〕

果能內外動靜，主一無適，無有雜染，便是「居處恭，執事敬」矣。居處者無事，執事者有事，而無事有事，一以敬存養，不須防檢消除，不須窮索助長，便是聖人體段。故曰「為學之要，一誠盡之矣，而主敬其功也。敬則說，誠則天」。〔註70〕

道者，雖謂形上，然不能離乎形，離形無道，如此下學而上達，方為可能。而主敬在於應事，若不足應事，便流為空蕩虛玄，上截下截一齊俱失矣。唯即形色以求天性，必有事焉而主一，方能無之而非下學，無之而非上

〔註66〕見全書卷十學言上，頁580。
〔註67〕見全書卷十學言上，頁568。
〔註68〕見全書卷十二學言下，頁683。
〔註69〕見全書卷十學言上，頁589。
〔註70〕見全書卷十三會錄，頁852。

達。下學上達學問極致，而全此功者敬也。故謂：

> 端莊整肅，嚴威嚴恪，是敬之入頭處。提撕喚醒是敬之接續處。主
> 一無適，湛然純一，是敬之無間斷處。惺惺不昧，精明不亂，是敬
> 之效驗處。〔註71〕

而此在虞書所謂精一，在孔門所謂克己，在易所謂洗心，在大中所謂愼獨，
在程朱所謂居敬窮理者，實爲自修應事之下學基本工夫。既知其義，復須實
踐力行，方能上達入道。而蕺山以爲主敬工夫所欲上達者，仁也；而上達之
方，則孔門之克己。故謂「求仁是聖學第一義，克復是求仁第一義」。〔註72〕
下即述蕺山克復以求仁之主敬工夫。

一、體　仁

　　蕺山主敬在存天理遏人欲，遏其欲念，以明天理。此天理固爲學之鵠
的，亦道德實踐之根據。據此對治於思慮云爲，去其欲障，返其本然，使天
理人欲皆一事，則主敬極功。程子教人在先「識仁」，而蕺山亦以「仁」爲其
存理遏欲之道德根據與終極目的。思此仁行此仁，自能全其於穆不已，徹上
徹下之仁體，故曰「求仁是聖學第一義」。

　　然仁者何？「仁者，性之德也。就其井然不淆處識是禮；就其雜然拘蔽
處識是己，蓋天理人欲之別名」。〔註73〕則仁者，人也。其性感通於天理便爲
仁，雜染於血氣便是人。則仁者當以天地萬物爲一體，所謂「天無一物不體
處，即是仁無一事無在處」。〔註74〕如此天理遍在，仁亦周流四處。人我若能
提撕其與萬物渾然同體，則天地間皆仁，非僅七尺形骸之人也。反之，我不
以天地萬物爲一體，而欲另以一仁以合己，則此仁便失其形上超越根據，
頓生隔膜，人我但爲一形下存有之軀體矣。故仁者本天，體物不遺，周流化
育。人苟能居處恭執事敬，存此天理，則無所爲而非仁也。所謂：

> 仁體隨處周流，學者隨所感應而證此體。在居處時爲恭，執事時爲
> 敬，與人時爲忠，皆心存理得之別名也。此道體渾然無可持循，故
> 聖人就分見處示人以入德之地。〔註75〕

〔註71〕見全書卷十學言上，頁589。
〔註72〕見全書卷十學言上，頁567。
〔註73〕見全書卷三十論語學案三，頁2566。
〔註74〕見全書卷三十五子連珠，頁288。
〔註75〕見全書卷三十論語學案三，頁2606。

仁體即四處流行，貫於萬物之間，使天下同理，而無內外人己感應之雜礙，亦無精粗大小之分別，故能消融壅塞處，圓滿偏枯處，使天理時時澄澈，處處流行，形下即形上，形色即天性。達此人我萬物一體之境，即聖門求仁之旨也。

人雖可爲仁者，然亦常惑於氣質習染，一有意想走作，便是非仁。如何去其習染，復返本然。便須先識得此仁，如此收斂此身心，於勿忘勿助，不恁地放縱間，修己以敬，便是仁矣。蕺山論此關係有云：

> 程子首言識仁，不是教人懸空參悟。正就學者隨事精察力行中，先
> 與識箇大頭腦所在，便好，容易下工夫也。識得後，只須用保荏
> 法，曰誠敬存之而已。而勿忘勿助間，其眞用力處也。〔註76〕

學者識得仁後，於喜怒好惡當頭之際，事事檢點致謹，收束整齊，自能去其私欲，存此仁體。如此常存此戒愼、恐懼之心，以存理遏欲，仁者之功可見矣。故嘗謂曰：

> 苟無事心之功，亦氣機之暫息而已，焉得仁。而於平旦之氣，當在
> 好惡相近處，觀此是否仁義心也。學者須察乎此，自能自勝人欲之
> 私者也。〔註77〕

仁者即能克勝己私，使義禮智信一齊俱到，推而親親仁民，仁民愛物，終能與天地萬物爲一體，此仁之極致；亦蕺山主敬終極目的也。而成全仁者，便在敬愼此中之獨，以涵養其本性使愈見純厚，克治其念慮使不復走作一端也。故贊其功曰：

> 學者大要只是愼獨，愼獨即是致中和，致中和則天地位，萬物育，
> 此是仁者以天地萬物爲一體實落處。〔註78〕

二、克　復

主敬者在求仁，而求仁以克復爲功，故云「克復是求仁第一義」。蓋人本氣質上事，自有生以後，心即隨物而感，自五官外逐於物，即欲也。若此心放逸已久，才向內便苦而不甘，向外又失天理所安者。欲解此氣質紛擾，便須存之以敬，使涵養克治，防檢窮索，以收斂此放失之心。故曰：

〔註76〕見全書卷五聖學宗要，頁373。
〔註77〕見全書卷三十論語學案三，頁2619。
〔註78〕見全書卷十九答履思書五，頁1324。

誠敬之存，乃是天理，只是存得好，便是誠敬，誠敬就是存也。存
正是防檢，克己是也；存正是窮索、擇善是也。〔註79〕

故敬存在防檢克己，以去除氣質之私；在窮索擇善，以安於事理本然，而成
其為人者。然若明道識仁篇所謂不須防檢窮索，則此心放逸，人欲橫流，天
理何得彰明耶？故曰：

人皆有是心也。克念焉而聖，罔念焉而狂，則天理人欲，貞勝之機
也。心本一也，而人欲二之也。必也主敬乎？惟敬故一，一則誠，
誠則聖。故曰敬者，聖學終始之要。〔註80〕

知主敬功在閑邪存誠，在化解自心走作之過欲，克治過與不及之惡念。如此
敬以直內，常存此心，涵養既久，人即成仁矣。

而日用平居，即須時時將放失之心，約返身內，使其尋得根本，復敬慎
此根本，還其本然。則可怯除邪行妄慮所外擾於身者。譬若處破屋中，四面
空疏風雨易入，因無有作主之安定處。若以敬為主，則風雨念慮不得其門而
入。故為學貴在主敬，存敬以藥閒居之肆，可去其好名利之習氣，以養其本
仁義之至性，而成其為君子不為小人之聖學也。故曰：

夫一閒居耳，小人得之為萬惡淵藪，而君子善反之，即是證性之
路，蓋敬肆之分也。敬肆分，人禽之辨也。〔註81〕

主敬其功固在去習染復至性，而其所欲操存之者，只是修己以敬一事。果能琢
磨自勵，體仁克己，便可超脫其人我對待之小我，而上達其天地萬物一體之大
我者。蓋因「敬者，聖學終始之要，修己之心法也。敬修之道，在肅然收斂此
心，而主於一不顯，亦臨無斁，亦保湛然，無復非機之擾。至於反身而誠，則
己得其己矣。〔註82〕而此修己操持之工夫下手處，便在日用之間，天理充然落
實處也。其操持之法，便在涵養克治此日用之間思慮云為者。蓋「涵養與克治
是人心雙輪，入門之始，克治力居多」。〔註83〕故操持首在克己。然己如何克？

只是不從己起見，便是克己。〔註84〕

以仁體本然不動，不容一物，才有一物，便是不仁。而一從己起見，亦即是

〔註79〕見全書卷十學言上，頁571。
〔註80〕見全書卷二十一重修紹興府儒學記，頁1700。
〔註81〕見全書卷一人譜，頁165。
〔註82〕見全書卷三十論語學案三，頁2654。
〔註83〕見全書卷十學言上，頁593。
〔註84〕見全書卷三十論語學案三，頁2566。

不仁，便當克治之；及其起念不仁時，亦即克己之時也。

　　人之氣習輕浮，緣於學鬆心散，故先整齊其氣習，有一起見，一作意，便克治之，則語默動靜皆合當然之理。故能自我檢點克治，「雖聲色貨利，亦天理邊事」反之日用之間，一揚眉一瞬目，無非護持己私，而過惡遂自此生矣。則「即道德性命亦人欲邊事」。〔註85〕蕺山即以克欲復性，規矩近道之孔門克復求仁義，爲其主敬之工夫所在。其年四十所著論語學案，乃其居身謹嚴，進修敦篤之學旨具體表徵，其釋克復云：

> 克己復禮者，撤盡氣拘物蔽之障，而復返先天繼善之良，如是則能盡其性矣、仁矣。夫仁是己之仁，而天下之量也，誠一日克復，而天下歸吾仁焉……吾克吾己，吾復吾禮，吾致吾一日之力而行。

〔註86〕

又其年四十二所著之曾子章句，亦倍言學者當矯輕警惰、存理遏欲以持敬守身之旨也。其論克復亦云：

> 學莫要於治心，而惡與過，皆出於人欲之私者，累心者也。攻目求之，又強所不能以進之，則私欲之端漸克，而所從者無適而非義矣。義即天理之公者，即心爲理，在事爲義，以此爲學。此孔門克復之旨也。〔註87〕

蕺山復嘗自舉其夜夢陞衛經區，知己尚未斷榮進念頭，恰如濂溪言明道喜獵之心猶在，特潛隱未發耳。方悟人一身都爲聲色貨利貯滿，一切動作都是物欲之心。而榮進利欲，正是毒蛇猛獸，不克治即遭噬害矣。故於年三十六，與陸以建書中特言之云：

> 君子之學，言行交修而已，孔門屢言之曰「不敢不勉」、「有餘不敢盡」，不敢二字，何等慎著，眞是戰兢惕厲心法。亦即宋儒主敬之說。〔註88〕

所謂「修己以敬，正是尊德性而道問學」。〔註89〕蕺山即以其主一無適，一貫無間，勿助勿忘之敬義，作爲實踐其外求放心，內愼此獨；克己復禮，盡性求仁之體道工夫也。

〔註85〕見全書卷十學言上，頁568。
〔註86〕見全書卷三十論語學案三，頁2567。
〔註87〕見全書卷三十五曾子章句，頁3209。
〔註88〕見劉子全書遺編卷四，與以建書四。
〔註89〕見全書卷三十論語學案三，頁2655。

第二章　中年愼獨

第一節　緣　起

　　天啟五年，蕺山年四十八。時魏忠賢大興黨獄，緹騎四出，削籍遍天下。蕺山值此天地晦冥，人心滅息之際，以禍端在人心之不學所致。故會諸生講於解吟軒，欲明人心本然之善，使學者收斂其身心，凝定其根柢，以去衰世禍端，故立「愼獨」之說焉。〔註1〕次年，緹騎至姑蘇逮周順昌，遭士民毆殺，餘黨復逮黃尊素，然不敢東渡錢塘。督撫遂移檄紹興知府，一時誤傳爲逮蕺山，家人皆震恐，獨蕺山安坐慰之以待明日，及明始知爲逮尊素，方解懼。後於蕭寺餞別尊素，返謂門人曰：「吾平生自謂於生死關打得過，今利害當前，覺此中怦怦欲動，始知事心之功，未可依傍承當也。」乃讀書韓山草堂，專用愼獨之功。〔註2〕此蕺山主愼獨說之顯因，而其學問由四十八歲前承前賢之主敬工夫，轉爲四十八歲後自立其說之愼獨者，其轉變因緣在於內在自覺、政治經歷之個人反映，及反虛重實、敬說演進之學術進境四者交相影響所成者。今試析論之如下：

一、內在自覺

　　蕺山早年學問本屬程朱主敬工夫一路，及年三十七，以群小在位，歸家讀書，久之忽悟天下無心外之理，無心外之學，乃著「心論」曰：

　　　　只此一心，自然能方能圓，能平能直，四者立，而天下之道冒是

〔註1〕據全書卷四十年譜四十八歲事。
〔註2〕據全書卷四十年譜四十九歲事。

矣。只此一心，散爲萬化，萬化復歸一心。〔註3〕

此以心爲萬物自然生化之本，蓋爲對內在須有一主宰，作爲是非善惡最高判斷之準則的首度自覺，即對本體層面之自覺也。次年講學於解吟軒，以「學禮」爲入道之始，故設教嚴蕭，凡一語一默，一飲一食，一進一反，各有當然之則，如此致謹於斯道，淺言之謂小學科條，深言之謂「求放心」之法也。〔註4〕收其放失之「心」以復返根本，亦透露蕺山對具本體義之主宰的自覺。其解求放心之惑，當曰：「即求者，便是賢心也。才覺其失，覺失即心。〔註5〕求者，覺者即心，謂此中即可判斷是非善之一主宰也。蕺山於循規蹈矩之工夫路數上，自覺出須有一主宰爲其工夫之所可依循與安頓者，實爲沈潛程朱已久後自生之一可能進路也。而此對內在主宰之需求，即以此「心」爲之。蕺山慎獨學之「獨」體，即天之託命於吾心者。而吾心中之「獨」者，即可分別是非善惡之主宰也。故知蕺山於實踐工夫路數中，自覺當於個中覓個能識認本體，並能於日用之間，實踐此淵然貞定之獨體者以爲主宰，遂有「慎獨」之說焉。

二、政治經歷

明季嘉靖、隆慶年間，嚴嵩亂政，國政左右於權臣、宦官之手，復交相驅迫善類；而外有俺答、倭寇之犯邊，政衰治弛已極。及萬曆時，東林諸君自負氣節以抗當道，黨爭遂起；而神宗在位四十八年，然自萬曆十八年起，即不問國事，不見群臣。熹宗登基，復深信魏忠賢，跋扈誤國，刑獄忠良，使朝幾無可用之臣。蕺山一介書生，際此國鼎漸傾自思振作，然可爲者唯講學明倫，以存民彝一端而已。復因己身問政，感受內憂外患深切，正助其反省當講論何學，以振人心之敝也。若年四十四起，屢劾魏閹，客氏干政。年四十五，清兵屢侵犯，恐懼震京師。年四十六，以一歲三遷，義難拜命。而婦寺專權日甚，將生衣冠之禍。而士大夫急於營競，不知體恤國朝以痛心時事，遂辭官去。年四十八奉旨革職爲民，而魏閹又矯旨死東林於獄者，若楊漣、左光斗、周朝瑞、袁化中、魏廓園、顧大章六人皆清流大臣。朝廷又連詔毀首善書院、東林書院，欲絕天下講學種子。而蕺山生平以道交，互砥礪學行之諸友，若丁元薦，魏廓園、鄒南皐、馮少墟、高景逸諸君，非死於讒

〔註3〕見全書卷二十三心論，頁1896。
〔註4〕據全書卷四十年譜三十八歲事。
〔註5〕見全書卷四聖學吃緊之關，頁334。

即死於賊。〔註6〕蕺山不勝生死存亡顯晦之慨，乃慷慨悲歌以弔六君子，復憤責魏閹之奸毒。先時嘗以此言於景逸，景逸勉其盡道而行，宜杜門謝客，勿莽撞生事。曰：「有一毫逃死之心固害道，有一毫求死之心亦害道」。〔註7〕蕺山然之，乃輟講遁跡，凝斂身心，一意韜晦愼獨，及年四十九，歷誤傳逮捕事，尤堅其愼獨之學也。蕺山處此內無明主、外寇頻仍、黨禍時起、婦寺干政、毀禁書院，道友淪喪風雨晦暗之境。雖獨木亦難撐大廈之將傾，仍知其不可而為地冀講學愼獨以振作人心所溺，復人心本然之善，圖己立以立人立國者，實皆個人感時嘆世之深切體驗所致者也。復經景逸不求生、不求死及時之指點，乃化其憤懣而韜晦於愼獨修身，靜存涵養一端矣。此蕺山於時代及個人皆動亂紛擾之政治背景環境中，發展其愼獨之顯因也。

三、反虛重實

　　王門諸子致良知之學，盛於明中葉，而弊顯於明季。蓋陽明以「四無」為上根教法，重頓悟，即本體即工夫；「四有」為中下根教法，重工夫，以為善去惡，漸復良知本體。立教本無偏頗，然龍溪以四無說主良知現成，而薄視經驗，遂起弊端。爾後錢緒山、聶雙江、羅念菴皆承四句教之「無善無惡」說心體，乃泰州周海門亦以「無善無惡」為心之體。此皆未盡守陽明師說，但侈言良知而不重實踐者，空談四無而輕忽四有。故後學者只以反求諸心為學，置天下事於不聞不問，遂以此心體之虛靈明境，隨人才性氣質照察事物為致良知，而忽略良知之實踐工夫，未能誠敬存之以踐履其人生道德矣。使上焉者習靜談性，以求頓悟；下焉者放蕩恣肆，每犯名教。時人皆束書不觀，專務明心空念一事。東林諸君欲矯此空疏流弊，乃主篤守先儒成說，復歸程朱實踐工夫，以修正王學。而蕺山亦緣東林方向，論學一以範維世教，倡明學術；一則深弊王門空言良知，不務實學者。蓋雖悟及一點良知靈明，而不修持此悟，則雖悟之又失之矣。須即悟之即修之，即修之便悟之，方始無弊，即愼獨之旨也。蕺山論愼獨，在攝省察于存養，無事時存養，有事時省察，讀書以體驗此獨，修身以踐履此獨，愼獨者乃通內外動靜為一之自主格物工夫。其所著人譜，即愼獨實踐之學也。蕺山早年承程朱而反四無之虛玄，及至中年愈識認王門末流頓悟本體，不重篤實踐履，所遺禍家國天下之鉅。其

〔註6〕據全書卷四十年譜四十六、四十七歲事。
〔註7〕據全書卷四十年譜四十八歲事。

成學至此，固已自悟及本體層面之主宰重要，而王門空言本體亦相反相成地強調本體之不可或缺；然同時針對王門空虛之弊，復須以踐履之工夫克治始爲功。故蕺山乃會通於陽明良知本體與程朱實踐工夫而兩去其偏，以主宰之本體義，及實踐之工夫義合爲其即本體即工夫之「愼獨」學說也。

四、敬說演進

大學誠意章云「故君子必愼其獨也」，意謂欲誠意自修者，當爲善去惡，勿令自欺之。中庸天命之謂性章云「故君子愼其獨也」，意謂此中於隱微之際，跡雖未至，而幾則已動，故須戒懼於人所不知而己所獨知之地。知大學中庸言愼獨，本重修身反省一端。後世程門言立敬工夫，每將「愼獨」與「敬」連說，而程氏主敬重內，以相對其重外之窮理，故程氏論獨多側重其內在義。朱子主敬，亦言愼獨，然以愼獨爲省察之功，偏動而遺靜之存養，知程朱言愼獨或偏內或取動之義。而蕺山愼獨之「獨體」乃一具本體義之主宰，愼此獨者，即存養省察此獨使時時朗照無遺之工夫也。嘗曰：

> 夫天即吾心，而天之託命處，即吾心之獨體也。率此之謂率性，修此之謂修道，故君子愼獨，而曰：戒愼乎其所不睹，恐懼乎其所不聞，所以事天也。〔註8〕

此以吾心即天理，而天理則寓於此中之獨體，獨之靈明主宰義甚明，故愼此獨者，乃事天修心，動靜內外合一之工夫也。蕺山合本體、工夫義言愼獨，固較程朱完全，亦較其早年重踐履工夫以誠純言行之敬說爲成熟深刻。故曰：

> 伊洛拈出敬字，本中庸戒愼恐懼來。然敬字只是死工夫，不若中庸說得有著落，以戒愼屬不睹，以恐懼屬不聞，總只爲這些字討消息，胸中實無個敬字也。〔註9〕

以敬字爲死工夫，意指心意本無定，隨時走作，以敬克治，起一念克一念，錯一事改一事，如此被動追索，終無有克盡自足之時。自不若蕺山愼獨說之無事存養此靈明，使能省察之。有事省察之使合靈明，以存養之。如此未發時存養，及己發時省察使歸于存養如未發時。此獨體自然時時朗照，處處靈明，自然靈活妙用，無事則靜坐，存養此獨體。有事則隨感而應，審此獨體使其淵然貞定不失。則其執一御萬，內外純乎天理之愼獨說，較之敬說爲活絡進步矣。

〔註8〕 見全書卷二十一宋儒五子合刻序，頁 1556。
〔註9〕 見全書卷十學言上，頁 623。

　　蕺山早年用功嚴毅清苦，神情肅穆。及夫四十八用功慎獨後，不覺神淡意靜，氣宇沖融，雖遭圍城，暗殺之變，〔註 10〕仍鎮靜自如，蓋慎獨之功也。其主慎獨因緣，在作心論後，自覺內在主宰之重要。復緣政治之晦暗，個人經歷之艱困，於風雨飄搖之末世，尤須一足以自我把持貞定之學說以應世。又弊王門末流虛玄不實之頹風，故一承本體之自覺，會通良知本體之義而主慎獨；一則重工夫實踐義，以去虛無之病而主慎獨也。且其涵泳謹守二十載之敬說，久之自感其枯滯難通處，待其學養積厚，自能日漸精熟，創此本體，工夫義並重之慎獨學說，以救家國人心於水火也。年譜綜敘其由敬轉倡慎獨之脈絡亦贊云：

> 按先生從主敬入門，敬無內外，無動靜，故自靜存以至動察，皆有事而不敢忽，即其中覓個主宰曰獨。謂於此敬，則無所不敬，於此肆，則無所不肆，而省察念慮皆其後者耳。故中年專用慎獨工夫，謹凜如一念未起之先，自無夾雜，讀無夾雜，自無虛假。慎則敬，敬則誠，工夫一步推一步，得手一層進一層，晚年愈精微愈平實，絕無龍侗虛無之弊，洵乎為伊洛正脈也。〔註11〕

第二節　慎獨之旨

　　天啓六年，蕺山年四十九，課讀於韓山草堂，專用慎獨之功。謂「獨只在靜存，靜時不得力，動時如何用工夫？」蓋先儒以慎獨為省察之功，重於動時克治，而蕺山以慎獨為存養之功，致力涵養先天之本體，因信濂溪主靜立人極之說。從伊川以靜坐為善學，及羅豫章，李延平以默坐澄心，觀喜怒哀樂未發時作何氣象之教法。〔註 12〕遂半日靜坐，半日讀書，以存養此中之獨。此獨即人心至善之本體，判定一切是非善惡之道德根源也。慎養此獨，使本體清明，則日常思慮云為皆合天理。反之，若本體蒙塵不顯，無以盡其分別善惡之能，則禍衍亂生自此始矣。蕺山慎獨工夫，即慎此獨體未發之先，防患於未然，以上溯濂溪主靜主極之旨。故曰：

> 聖學之要只在慎獨。獨者，靜之神，動之機也。動而無妄曰靜。慎

〔註10〕據全書卷四十年譜四十八歲事。
〔註11〕見全書卷四十年譜上，頁 3542。
〔註12〕據全書卷四十年譜四十九歲事，頁 3540。

之至也，是謂主靜立極。〔註13〕

如此蕺山以無欲故靜，循理為靜之主靜工夫，論其動靜無端，體用一源之慎獨說。自較朱子以「人所不知，而己所獨知之地也，言幽暗之中，細微之事跡雖未形，而幾則已動，而己獨知之」。〔註14〕者為獨；而以遏人欲於將萌，勿使暗滋於微者為慎獨，偏於省察動念之說為不同矣。

及年五十四，著中庸首章說及獨箴，以靜坐為慎獨之下手處。〔註15〕年五十五，著第一義、求放心、靜坐、讀書、應事、處人、向外馳求、氣質、習說等九說，亦無非發明靜存之意。〔註16〕用力於靜存涵養，所發自然中節矣。及年五十七，輯聖學宗要，發明宋、明儒周、程、張、朱、陽明之說。此書大約以主靜立人極一語為宗，而歸本於慎獨。〔註17〕

然蕺山以靜為人心之主，故主靜以慎獨，而獨僅在靜存重存養，靜時不得力，則動時如何用工夫？故蕺山復統攝存養、省察二工夫論慎獨。省察為存養最得力處，即省察為存養中之精明吃緊處；而存養須使吾心靈明時時朗照，省察即在其中矣。如是慎獨說遂由主靜工夫進為靜時存養，動時省察之地步矣。故謂主靜為慎獨初步說法，而存養省察為慎獨之成熟說法。故蕺山年五十七輯聖學宗要，即以此靜存動察之慎獨工夫，推尊濂溪主靜立極一語也。

而蕺山於專主慎獨期間，復由存養省察說，更進一步自中和、已未發論慎獨。其於年五十四著中庸首章說即以喜怒哀樂之未發謂之中，即此中之獨體；而此獨體所發皆中節者謂之和，而靜存動察此中之獨，使已發未發合一以致中和者，即慎獨也。及年五十七輯聖學宗要亦申論中庸喜怒哀樂之中和旨意，至年五十九著獨證篇，雖另立「誠意」之說示學者，而其論中庸已未發之旨，仍無改變，爾後續有發揮，然宗旨皆承前不變。故此自慎獨發展出之中和說，仍置其發生時之慎獨期，而不置五十九歲後之誠意期也。

故知蕺山於年四十八至年五十九之十載間，雖用功於慎獨，然以論說層次分之，則有主靜、存養省察、中和之三層進境也。故其子劉汋所撰年譜於五十五歲事記云：

按是時，先生用慎獨工夫，獨體只是個微字。慎獨之功，只於微處

〔註13〕見全書卷十學言上，頁564。
〔註14〕見四書集註中庸首章慎獨之朱註。
〔註15〕據全書卷四十年譜五十四歲事。
〔註16〕據全書卷四十年譜五十五歲事。
〔註17〕據全書卷四十年譜五十七歲事。

下一著字,故專從靜中討消息。久之,始悟獨說不得個靜字。曰:「一
獨耳,指其體,謂之中;指其用,謂之和。」又曰:「中,陽之動
也。和,陰之靜也。不得以未發爲靜,已發爲動。又不得以未發屬
性,已發屬情。」蓋謂喜怒哀樂,以四德言,不以七情言,亦一時
事,不分前後際。大抵於先儒成說掀翻無遺。〔註18〕

愼獨由主靜,而存察而中和之成學進境既明,乃先釋蕺山愼獨之義旨,復依
主靜、存察、中和之進展分別論述如下:

一、愼獨釋義

　　蕺山自年四十八首倡愼獨之旨,其說原自中庸以不睹不聞處說愼獨者所
發揮而成。而於其年五十四,著「中庸首章說」所釋愼獨之旨最詳,今先錄
其說復析其義如下:「中庸首章說」謂:

道不可離,性不可離也。君子求道于所性之中,直從耳目不交處,時
致吾戒愼恐懼之功,而自此以往,有不待言者矣。其指此道而言道所
不睹不聞處,正獨知之地也。戒愼恐懼四字,下得十分鄭重,而實未
嘗妄參意見于其間,獨體惺惺,本無須臾之間,吾亦與之爲無間而已。
惟其本是惺惺也,故一念未起之中,耳目有所不及加,而天下之可睹
可聞者,即于此而在。沖漠無朕之中,萬象森然已備也。故曰「莫見
莫顯」,君子烏得不戒愼恐懼,兢兢愼之?愼獨而見獨;妙焉。獨之
外別無本體,愼獨之外別無工夫,此所以爲中庸之道也。〔註19〕

此中當釋者乃何謂獨?戒愼恐懼、不睹不聞、莫見莫顯等諸義。蕺山以「獨
之外別無本體」,則獨即本體,即中庸不睹不聞,莫顯莫微,天命之性而天下
之大本者也。如此以獨涵蓋天地萬物,而不得妄參意見於其間,則此獨乃超
於耳聞目睹上之天命主宰,故曰:

不睹不聞,天之命也。亦睹亦聞,性之率也。即睹即不睹,即聞即
不聞,獨之體也。〔註20〕

而此超越聞睹之獨,其知亦通透天命,徹上徹下,故曰:「獨之知,即致知之
知,即本源即末流也;獨知之知,即知止之知,即本體即工夫也」。〔註21〕此

〔註18〕見全書卷四十年譜上,頁3582。
〔註19〕見劉子全書(清嘉慶十三年陳默齋校刊本)卷八、中庸首章說,頁11～12。
〔註20〕見全書卷十學言上,頁616。
〔註21〕見全書卷十一學言中,頁659。

獨即本體即工夫，故以天命之性爲本體，而率性之道，修道之教，皆在此獨中。而以愼獨爲工夫，愼此獨體，使發皆中節，天地萬物莫非此獨矣。知此獨乃即本體即工夫，體用一源者也。

蕺山復自「莫見乎隱，莫顯乎微」說獨體。此獨即天命所寄，故視之而不見，聽之而弗聞，如在其上下，如在左右，而體物不遺，蓋因愼此莫見莫顯之獨也。故曰：

> 莫見乎隱，亦莫隱乎見。莫顯乎微，亦莫微乎顯，此之謂無隱見無
> 顯微，無隱見顯微之謂獨，故君子愼之。〔註22〕

果能愼此無隱見，無顯微之獨，則能終日望天而不見鳶飛，整天見淵而不見魚躍，達於亦見亦顯亦隱亦微之本體也。而此本體靈明，言動皆合此本體而發，即莫見莫顯處也。若有漏洞缺陷，一發即難收之。故君子愼獨即愼此莫見莫顯處，而勿妄參意見於其中也。故曰：

> 容貌辭氣之間，皆一心之妙用，非但德符而已。一絲一竇漏，一隙
> 一缺陷，正是獨體之莫見莫顯處。若於此更加裝點意思，一似引賊
> 入室，永難破除，厥害匪輕。〔註23〕

獨體即體用一源，莫見莫顯，不聞不睹而爲天命之所性，道之所率，教之所修者。故愼獨便在戒愼恐懼此不睹不聞處也。蓋道本之天命之性，故無須臾間斷用工夫於睹聞處，而相合於不睹不聞之本體也。故曰：

> 道不可離，若止言道耳，即睹聞時用工夫，已須臾無間斷矣，正爲
> 道本之天命之性。故君子就所睹而戒愼乎所不睹，就所聞而恐懼乎
> 其所不聞，直是時時與天命對越也。〔註24〕

則君子就所睹聞而戒懼於其所不睹不聞者，即是戒愼此獨也。故答聖賢之樂，謂皆自戒愼恐懼中來也。而此戒懼工夫但可用於不睹不聞處，否則判然兩分，瞑目自欺矣。故謂：

> 或曰「君子既嘗戒懼於睹聞矣，又必及其所不睹聞，方是須臾不離
> 道否？」曰「如此，則是判成兩片矣，且人自朝至夕，終無睹聞不
> 著時，即後世學者有一種瞑目杜聰工夫，亦是禪門流弊。聖學原無
> 此教法。」〔註25〕

〔註22〕見全書卷十學言上，頁 616。
〔註23〕見全書卷十學言上，頁 631。
〔註24〕見全書卷十學言上，頁 615。
〔註25〕見全書卷十學言上，頁 616。

蓋蕺山以就所睹聞上戒懼其所不睹聞之立場，而戒懼工夫不向睹聞處著力故
亦非以為睹聞時有戒懼工夫，不睹聞時可另有一工夫也。故蕺山戒懼之慎獨
工夫乃自「有睹有聞」趨向「不睹不聞」矣。蕺山曰：

> 從聞見上體驗，即從不聞不見消歸。從思慮中研審，即向何思何慮
> 究竟；庶幾慎獨之學。〔註26〕

此以聞見上之體驗歸於不聞不見為其慎獨工夫，知其以有睹有聞與不睹不聞
相合之獨體，乃歸用於體之體用合一也，故曰「以戒慎屬不睹，以恐懼屬不
聞」。〔註27〕如此以戒慎恐懼之慎獨工夫，為慎此不睹不聞之獨體，而戒慎恐
懼之慎獨工夫，亦與不睹不聞之本體合一矣。故曰「獨之外別無本體，慎獨
之外別無工夫，此所以為中庸之道也。」

　　獨體不可得而聞，不可得而睹，而藏於至闇之中，故蕺山亦以中庸之道
即獨體者歸顯於微：

> 中庸之道從暗入門，而托體於微，操功於敬，一步步推入，至於
> 上天之載，而乃能合天下之在宥。愈微亦愈顯，即微即顯，亦無
> 微無顯，亦無有無無，仍舉而歸之曰微。嗚呼！微乎！至矣哉！〔註
> 28〕

所謂從暗入門，托體於微，即其無顯微，無有無而舉天下之無為自然全歸於
微。故蕺山以獨體指個微字，而「虞廷說個惟微，是指道體至微至妙處。說
個精一，是指工夫至微至妙處。又說個執中，是指本體工夫合著至微至妙
處」。〔註29〕惟微是獨之妙，精一是獨之工夫，而執中乃合本體、工夫之慎獨
也。故慎獨工夫只於微處下一著子：

> 由人所不見處，一步推入一步，微之又微，曰「不大」、曰「如毛」、
> 曰「無聲且無臭」，嗚呼！至矣！無以復加矣。可見獨體只是個微
> 字，慎獨之功亦只於微處下一著子，故曰「道心惟微」。〔註30〕

蕺山以所引詩經之「不大聲以色」、「德輶如毛」、「上天之載無聲無臭」，明示此
不睹不聞，微之又微之獨體，而慎獨之功即究竟此闇然惟微之獨體。嘗以亡友
劉靜之尚論千古得失所謂「古人往矣，豈知千載而下，被靜之檢點破綻出來，

〔註26〕見全書卷十一學言中，頁680。
〔註27〕見全書卷十學言上，頁623。
〔註28〕見全書卷十二學言下，頁730。
〔註29〕見全書卷十學言上，頁601。
〔註30〕見全書卷十學言上，頁608。

安知千載之後，又無檢點靜之者」。〔註31〕以今日往昔人皆當面檢點，欺不得人，例其愼獨於微之功也。遂用功於微，以合其靜說，故其答問未發氣象曰：

> 其要只在愼獨。兼動靜否？曰「工夫只在靜」故云主靜立人極，非
> 偏言之也。〔註32〕

蕺山乃以其靜說合其托體於微之愼獨，爾後悟不得以靜說獨，遂有存養省察及中和體用等論愼獨之學術進境。而蕺山論愼獨之工夫雖具主靜、存察、中和等進層，然其自中庸伸其戒懼此中之愼獨宗旨，固未嘗改變也。

（一）主靜立人極

蕺山早年既嘗與劉靜之、高景逸諸友論主靜工夫，而其時說尚未定。及年四十九讀書韓山草堂，專用愼獨之功，以獨只在靜存，因信濂溪主靜立極之旨，發揮其立基於愼獨之主靜學說也。年五十四，講學陶石簣祠，亦以靜坐爲愼獨下手處工夫，並著獨箴以明之。年五十五，著第一義、求放心、靜坐等九說皆發明靜存之意。蓋此期皆以靜說獨，爾後雖有存察中和他端之進展，而其主靜工亦未嘗廢之，觀其絕食前猶謂：

> 吾日來靜坐小菴，胸中渾無一事，浩然與天地同流，不覺精神之困
> 憊。蓋本來原無一事，凡有事皆人欲也。若能行其所無事，則人而
> 天矣。〔註33〕

則知蕺山成學雖有主敬、愼獨誠意之轉變，而其溯源濂溪歸本愼獨之主靜工夫，亦自幼及長不曾稍輟也。今即析釋其主靜之旨。

蕺山主靜源自濂溪太極圖說之「無欲故靜」。年五十四時教人以靜坐爲愼獨下手處，而靜坐中仍覺妄念紛擾者，只爲心有根在，故不能靜。此濂溪先以無欲教人之故。蕺山亦言人本無欲，去其習染之欲，仍復歸無欲之天理，若冰水之凝化。其曰：

> 周子說無欲，有甚奇特？欲原是人人本無的物，無欲是聖，無欲便
> 是學。其有焉，奈何？曰學焉而已矣。其學也如何？曰本無而忽
> 有，去其有而已矣。孰爲無處？有水即爲冰。孰爲有處？無冰即爲
> 水，欲與天理只是一個，從凝處看是無欲，從化處看是理。〔註34〕

〔註31〕見全書卷十學言上，頁 602。
〔註32〕見全書卷十學言上，頁 586。
〔註33〕見全書卷十三會錄，頁 853。
〔註34〕見全書卷十學言上，頁 569。

此以欲與無欲之天理爲一。而無欲時心明，有欲時心昧，無欲有欲只在心之明昧，相去無幾，若能去昧歸明，欲與天理只是一個，不必更言無欲矣。所著獨箴即申此義：

> 天命所命，即無獨知，獨知常知，全體俱知，本無明暗，常止則明，馳驅乃暗。〔註35〕

故無欲自靜。而靜中工夫須應事接物不差，方才得力。故主靜須收攝應事接物之動爲一，使湛然寂靜中，諸緣就攝，諸事就理，不致亂心壞事，方爲靜中眞消息得力處。知蕺山主靜在攝事動、有欲歸於心靜、無欲之動不離靜一端也。故於聖學宗要一書論主靜工夫曰：

> 離動言靜，非靜也。主靜之學，性學也。人生而靜，天之性也。感於物而動，性之欲也。聖人嘗寂而嘗感，故有欲而實歸於無欲，所以能盡其性也。常人離寂而事感，離感而求寂，故去欲而還以從欲，所以自汩其天也。〔註36〕

蕺山既信濂溪靜說，故重靜坐，仿朱子半日靜坐，半日讀書法，以變化氣質，自助長進也。蓋因人生終日紛擾，唯主靜向晦，復其歸根處，便是學問宗旨。故年五十五著靜坐說謂：

> 坐間本無一切事，即以無事付之。既無一切事，亦無一切心，無心之心，正是本心。瞥起則放下，沾滯則掃除，只與之常惺惺，可也。有時倦則起，有時感則應。行住坐臥，都作坐觀。食息起居，都作靜會。昔人所謂勿助勿忘間，未嘗致纖毫之力，此其眞消息也。〔註37〕

主靜眞消息即在日用之間，不致纖毫之力地靜坐，以體現其無事，無心之獨體之工夫也。知其主靜工夫，仍同其愼獨學說本體工夫爲一之旨也。學者果能於靜坐中得力，則所讀古人之書，就中一切羽翼提撕匡救之法，便皆合我心，均爲我用之矣。如此得力於靜，復磨鍊於事上，使事無大小，瞥起則放下，沾滯則掃除，復歸其本然常寂之地。自使胸無一事，無一事便能事事，即主靜之功也。

　　前言「無心之心，正是本心」此本心即常寂常感，於穆不已之天理本體。而天理本妙合動靜而無動無靜，而人心以靜爲主，以靜宰動，動復歸

〔註35〕見全書卷二十三獨箴，頁1913。
〔註36〕見全書卷五聖學宗要，頁378。
〔註37〕見全書卷八靜坐說，頁486。

靜，由靜攝動，動收歸靜，使動靜妙合，即動即靜復無動無靜，此蕺山於人
譜謂「靜而妙合於動」。〔註38〕之動靜妙合說也，其於五十六歲學言釋此義曰：

> 動中有靜，靜中有動者，天理之所以妙合而無間也。靜以宰動，動
> 復歸靜者，人心之所以有主而常一也。故天理無動無靜，而人心惟
> 以靜為主。以靜為主，則時靜而靜，時動而動，即靜即動，無靜無
> 動，君子盡性至命之極則也。〔註39〕

蓋天理本無動靜內外，而學者向外非動，朝內非靜。故當其向內未發時，本
然天理，雖動而無動；及其朝外已發時，天理本然，雖靜而無靜也。蕺山即
以此無動無靜，動靜妙合之說，為性命極則，天道之本。而其主靜工夫即本
此動靜妙合，無動無靜之本體，以去凶歸吉，返其至善之體之工夫。即本體
工夫並重，而以靜攝動之主靜工夫也。故曰：

> 周子之學，以誠為本，從寂然不動中抉誠之本。故曰主靜立極，本
> 立而道生，千變萬化皆從此出，化吉凶悔吝之途，而返復其至善之
> 體，是主靜真得力處。靜妙於動，動即是靜，無靜無動，神也，一
> 之至也，天之道也。〔註40〕

承前知蕺山以動靜妙合之本體觀言主靜，則此靜是無分動靜，即活動即存有
之超越本體，故能即動即靜而非動靜對待經驗義之靜也。故或以周子既以太
極之動靜生陰陽，而至於聖人立極處，乃偏著一靜字問蕺山。蕺山即以超越
義之動靜合一之靜，對攄經驗義之動靜對待之靜。蓋其謂陰陽動靜無處無
之，如理氣分看，則理屬靜，氣屬靜，實則一也。所謂「循理為靜，非動靜
對待之靜」，〔註41〕故周子主靜。其循理為靜乃就本體言其氣動，而動靜對待
之靜非依循理之靜而言氣動，故二者一本體一現實而異也。其論濂溪主靜之
靜，異於動靜之靜處亦申此義曰：

> 周子主靜之靜，與動靜之靜，迴然不同。蓋動靜生陰陽，兩者缺一
> 不得。若於其中，偏廢一焉，則將何以為生生化化之本乎？然則何
> 以又下個靜字？曰：只為主宰處著不得註腳，只得就流行處討消
> 息，亦以見動靜只是一理，而陰陽太極只是一事。〔註42〕

〔註38〕 見全書卷一人譜，頁 167。
〔註39〕 見全書卷十學言上，頁 590。
〔註40〕 見全書卷十學言上，頁 570。
〔註41〕 見全書卷十學言上，頁 629。
〔註42〕 見全書卷十學言上，頁 593。

蓋太極由動靜化生萬物，人心亦一太極，故動靜時生，本極自然。而無言靜者，在其靜乃動靜妙合本體義之靜，故於主宰處著不得註腳，乃就流行處取一靜字表之，而實非動靜之靜也。故謂：

> 主靜之說，大要主於循理。然昔賢云道德言動，皆翕聚爲主，發散是不得已事。天地萬物皆然。則亦意有無屬，正如黃葉止兒啼，是方便法也。〔註43〕

以上就無欲故靜、動靜妙合，循理爲靜諸義論蕺山之靜說。今復由動靜妙合之靜說，會通其本體工夫爲一之慎獨說，見其主靜立極工夫，實其慎獨學說之一端也。蕺山嘗謂：

> 聖學之要，只在慎獨。獨者，靜之神，動之機也。動而無變同靜，慎之至也，是謂主靜立極。〔註44〕

蓋聖人之心，廓然大公，物來順應，復戒懼於不睹不聞處，雖動而不妄，動而不妄曰靜，此其攝動於靜之主靜說也。而獨者乃靜神動機，故慎此獨者，即謂主靜立極也。濂溪主靜立人極之旨，以太極不變之理，爲人道之極則。蕺山亦以心體恒常，無事存之，有事去之，而常保此獨以慎其動。慎其動即主靜立極，即慎獨也。所謂：

> 乾乾不息，其靜有常。投閒抵隙，多在動處，動返於吉，其靜不漓。生而不匱，其出無方，其爲不宰。聖人原不曾動些子，學聖者宜如何？曰慎獨。〔註45〕

蕺山自本體義言靜，然須眞積力久，方能至寂然不動之境。常人之心，塵其已久，理未易得。若自經驗言之，終生隔閡。故蕺山教人從發處見此寂然本體，因「動中求靜，是眞靜之禮。靜中求動，是眞動之用，體用一源，動靜無端，心體本是如此。〔註46〕知明心之功只在慎獨，慎獨即慎此超越動靜之靜體，亦濂溪主靜主極之旨也。

（二）論存養省察

　　蕺山早年，師許敬菴，友高攀龍，所學皆程朱主敬工夫，及年四十八立慎獨之旨，始自我立說，擺脫前人藩籬。然其下手處仍承前涵養克治等入門

〔註43〕見全書卷十學言上，頁 626。
〔註44〕見全書卷十學言上，頁 564。
〔註45〕見全書卷十學言上，頁 570。
〔註46〕見全書卷十學言上，頁 586。

工夫來，而有存養省察之說。此存察之工夫，即其四十八歲後立說慎獨之通內外動靜爲一之實踐工夫。今即釋此存養省察之義，並明其存此察此獨體之慎獨工夫也。

　　蕺山論存養省察之語，多見其立說慎獨後之學言中。年譜記云年四十九「專用慎獨之功，謂獨只在靜存；靜時不得力，動時如何用工夫」。〔註47〕下註曰「先儒以慎獨爲省察之功，先生以慎獨爲存養之功」（同上）此以存不以察論慎獨者，蓋因反朱子以動而省察言慎獨，乃轉向致和一路而發，由此遂導出蕺山以存養省察論慎獨之一路工夫矣。學言上曰：

> 慎獨之功，全用之以立大本，而天下之達道行焉。乃朱子以戒懼屬致中，慎獨屬致和。兩者分配動靜。豈不睹不聞與獨體有二乎？戒懼只慎獨有二功乎？致中之外復有致和之功乎？〔註48〕

蓋蕺山以不睹不聞言本體之獨體，以戒愼恐懼言工夫之慎獨，故其以合本體工夫爲一以「立大本」者言慎獨。此慎獨爲存養戒懼此靈明本體之工夫，故反朱子以慎獨屬致和，乃生二體、二功之弊也。

　　而何謂存養省察，蕺山以爲涵養與克治本爲修身入道之二路，初始入門，多力於克治，及有所進步，又多力於涵養，及至車輕路熟之時，遂不分而並進之。故入道工夫但在靜時存養，動時省察，而二者交養互省之。若意念一起，即加以省察，省察後復存養之。而一意未起時，乃存養之，此存養中有省察也。如此存養省察之功，迭運不窮，又無時可息，如此一時並進，交養互省，不分工夫之先後，學問自然有進，獨體亦闇然日章矣。故主程子「涵養須用敬，進學在致知」學養並重之法，而反對象山「涵養是主人，省察是奴婢」朱子「無事時存養，有事時省察」。〔註49〕以存察爲二事，二功之說。其以無事存養，有事省察二者，一時並致合一而非二者，爲眞存養眞省察。以合其即存有即活動，即本體即工夫之慎獨說。故謂：

> 無事時存養，有事時省察，若無事時存養不得力，且就有事時省察。有事時省察不得力，且就無事時存養。若兩者皆不得力，只合查考，存養是存養個甚？省察是省察個甚？此時揭出一個本心，便須不由人不存養不得，亦並無存養可說；且不由人不省察不得，亦

〔註47〕見全書卷四十年譜上，頁 3540。
〔註48〕見全書卷十學言上，頁 582。
〔註49〕見全書卷十一學言中，頁 637。

並無省察可說，方是眞存養眞省察。〔註50〕

戢山以交養互察、一時並致論其存養省察說，實與其中年操功慎獨主本體工夫並重之旨相合。戢山論慎獨，重在中庸獨體之主宰義，而慎獨工夫即保此靈明主宰勿使走失。故自本體義上言獨，並有日後誠意學說「意」之肯定及發展；又自工夫義上，將存養與省察統攝爲一，爲慎獨之靜存動察之踐履工夫也。存察互用既爲戢山慎獨之踐履工夫，然戢山年四十九又謂獨只在靜存，至年六十五答葉潤山書後以省察收攝於存養，爲其慎獨工夫之確旨。則戢山以靜存收攝動察之論，實與其同期自本體義言動靜合一之主靜說，具共同攝工夫於本體中，而妙合工夫及本體之方向。皆爲戢山慎獨之旨，只取向處各有所著重也。明乎此乃知戢山以靜存收攝動察之理論發展方向與根據矣。

戢山論靜存之說，見其初立慎獨時期之學言云：

> 問：慎獨專屬之靜存，則動時工夫果全無用否？曰：如樹木有根方有枝葉。栽培灌漑工夫都在根上用，枝葉上如何著得一毫。如靜存不得力，纔喜纔怒時便會走作，此時如何用工夫？苟能一如其未發之體而發，此時一毫私意著不得，又如何用工夫？若走作後便覺得，便與他痛改，此時喜怒已過了，仍是靜存工夫也。〔註51〕

此段明示靜存是立本工夫，須用功於根本，使發而皆當；或即發即改，仍存其未發之體也。蓋喜怒未發時，先體認存養之，及發復省察之使歸於未發時，故曰「省察是存養之精明處」。〔註52〕也然其時戢山初立慎獨主靜之說，靜存動察之說尙未圓熟。故雖欲將省察收攝於存養，而於其未發時，何以著不得私意處無工夫可用，尙未有理論解之也。及待年六十五，以誠意教學時期，所與葉潤山書中，方有圓滿之論說。書曰：

> 意誠則心之主宰處止於至善而不遷矣。止善之量雖通乎身心家國天下，而根據處只在意上，蓋謹其微者而顯者不能外矣。知此，則動而省察之說可廢矣。省察只是存養中最得力處。不省不察，安得所謂常惺惺者？存又存個何物，養又養個何物？今專以存養屬之靜之邊，安得不流而爲禪？又以省察屬之動一邊，安得不流而爲僞？

〔註50〕見全書卷十一學言中，頁 669。
〔註51〕見全書卷十學言上，頁 583。
〔註52〕見全書卷十三會錄，頁 804。

〔註53〕

其「省察只是存養中最得力處」一語，實蕺山由主靜、存察說論愼獨工夫之樞紐所在。

蓋「動而省察之說可廢」，非廢一切省察工夫，只廢動而省察者。因吾心之靈明良知非只見於其已發之時，若及意念起動，靈明良知方才照察，則其未發之時，既無良知靈明之照察，遂成一片混沌乎？此心即成混沌，則「靜而存養」之說亦不成立矣。若此中有所存養，當在存養此中之靈明。由此依蕺山存察交至之說，當存養此靈明時，便即能省察之。使此中靈明愈存養愈朗照，而愈見省察之功，故曰「省察只是存養中最得力處」。蕺山即依此將存察合一之工夫理論，用於未發之際，攝察於存，工夫用於本體，即存即察，察之復存，使心之主宰止於至善而不遷，謹其微者而顯者亦在其中矣。而愼獨者，即存養不失此靈明，便時時朗照，不待事後省察之工夫也。故謂「靜存之外，更無動察。其究也，工夫與本體亦一，此愼獨之說。」〔註54〕

蕺山同其以靜攝動而妙合之主靜說，亦就存養收攝省察而爲一之觀點論愼獨，而爲其愼獨全部之工夫理論。蕺山年六十，於「書鮑長孺社約」即明言此義：

> 君子之學，愼獨而已矣。無事，此愼獨即是存養之要；有事，此愼獨即是省察之功。獨外無理，窮此之謂窮理；而讀書體驗之。獨外無身，修此謂之修身；而言行踐履之，其實一事而已。知乎此者之謂復性之學。〔註55〕

其所謂無事，即指無思無爲，而此心常止又常運者，即存養之眞機；所謂有事，即指雖應事接物，而此心常運復常止者，即存養之眞機。如此存養常止，省察常運截然無分，謹愼此獨之眞機也。又其謂「獨外無理」之獨，乃靈明之獨體，故不可外此以求理。而「獨外無身」之身，亦蕺山特具之本體工夫合一觀，仍意指此心之獨體而非形軀之身。故謂「夫天即吾心，而天之託命處，即吾心之獨體」。〔註56〕則修身，亦修此獨體矣。故知蕺山存察學說旨意一在存察互致，攝察於存；一生存察其獨體。實爲其愼獨學說之實踐工

〔註53〕見全書卷十九答葉潤山四，頁 1405。
〔註54〕見全書卷八讀書說，頁 479。
〔註55〕見全書卷二十一書鮑長孺社約，頁 1668。
〔註56〕見全書卷二十一宋儒五子合刻序，頁 1556。

夫也。

（三）論中和性情

　　蕺山論中和、性情之說，其時仍在發生於立說慎獨階段。蓋因其初時，無自靜中討消息，慎獨之功用於微處。及年五十七，著聖學宗要，不再以靜說獨，而悟獨者「指其體，謂之中；指其用，謂之和」「喜怒哀樂以四德言，不以七情言」。〔註57〕而發展出對中和、性情之特殊看法。及年五十九，著獨證篇以「誠意」教學者，並示學者「喜怒哀樂自所存言，謂之中；自所發言，謂之和」。〔註58〕之旨。次年辯太極之誤，仍持「中庸言喜怒哀樂，專指四德而言，非以七情言」「自喜怒哀樂之存諸中言，謂之中。自喜怒哀樂之發於外言，謂之和」。〔註59〕之意，其後續有發揮，而宗旨無稍改變。故其自體用說「獨」，而推出之中和、性情說，仍置此慎獨時期，以明其植基慎獨而由靜存至中和之成學進展也。

　　其首釋中和性情義者，見於年五十四所著之「中庸首章說」：

　　　　喜怒哀樂之未發謂之中，此獨體也，亦隱且微矣。及夫發皆中節，而中即是和，所謂莫見乎隱，莫顯乎微也。未發而常發，此獨之所以妙也。君子由慎獨，以致中和，而天地萬物無所不本，無所不達矣。〔註60〕

意將隱微未發之喜怒哀樂，即獨體之所蘊即中也。而喜怒哀樂發皆中節謂之和。慎獨以致中和者，即此中即是和，而歸發皆中節之喜怒哀樂於未發之中，即獨體之所蘊，故曰「未發而常發」。而中為天下大本即天命之性，和為天下達道即率性之道，如此慎此獨以致中和，自然本立而道生，工夫本體體用為一。故曰：

　　　　中庸是有源頭學問，說本體，先說個天命之性。識得天命之性，則率性之道，修道之教在其中。說工夫，只說個慎獨。獨即中體，識得慎獨，則發皆中節，天地萬物在其中矣。〔註61〕

如此以獨為中體，慎獨即歸已發之和之工夫面，於本體面之中體，以合一天地萬物。故蕺山將其已發之和攝於未發之中者，實同其攝動察於靜存之說，

〔註57〕見全書卷四十年譜上，頁3582。
〔註58〕見全書卷四十年譜上，頁3608。
〔註59〕見全書卷四十年譜上，頁3616。
〔註60〕見劉子全書（清嘉慶十三年陳默齋校刊本）卷八、中庸首章說，頁11。
〔註61〕見全書卷十學言上，頁600。

爲同源同脈而異同之發展也。此中體即蘊喜怒哀樂之情，而喜怒最易逞，鮮難中節，譬於喜怒已發後，返證其未發之體，乃可知其實有不中節處。故須善養察識未發之中，嘗舉延平教人看喜怒哀樂未發時作何氣象，以識中體者例之，其云：

> 未發時有何氣象可觀？只是查檢自己病痛，到極微密處，方知時，
> 雖未發，而倚著之私隱隱已伏，纔有倚著，便來橫決。若於此處查
> 考分明，則中體恍然在此，而已發之後不待言矣。此之謂善觀氣象
> 者。〔註62〕

果能識此未發之中體，而致力於此未發之中，使發皆中節，則中即是和，而天地位萬物育矣。知蕺山中和說乃在攝已發之和於未發之中，而此中即獨體。又此獨常發而未發，即中而即和，而致中和者，但在愼此中而和在其中矣。故曰：

> 一獨耳，指其體，謂之中。指其用，謂之和。〔註63〕

此以中爲本具能力之體，以和爲所發能力之用。而中和者，即蕺山愼此體用爲一之獨體之立本行道說也。

中和之名既釋，再論蕺山自五十七著聖學宗要起，所立之中和、性情說。聖學宗要書後案語云：

> 獨中具有喜怒哀樂，四者即仁義禮智之別名。在天爲春夏秋冬，在
> 人爲喜怒哀樂，分明一氣之通復，無少差別。天無無春夏秋冬之
> 時，故人無無喜怒哀樂之時，而終不得以寂然不動者爲未發，以感
> 而遂通者爲已發，可知也。〔註64〕

此中以喜怒哀樂四情，爲此心於未發之中本有者。即喜怒諸情爲獨體本有，則此諸情，隨獨體同屬本體超越一面，非經驗面之情欲。此說固異朱子以已發屬情，未發屬性之說，復異宋明諸賢之說，而爲蕺山欲打通本體、工夫超越、經驗爲一之學說特色之一端也。

蕺山以「情」屬超越本體義，而此情復具已發、未發二面，故將未發言四德，而已發言七情。蓋此獨體常寂而常感，喜怒感之則喜怒，七情皆獨所發，一發便馳，乃人欲邊事。若能時發而時止，時返其獨而不逐於感，便天

〔註62〕見全書卷十學言上，頁 584。
〔註63〕見全書卷十學言上，頁 622。
〔註64〕見全書卷五聖學宗要，頁 411。

理邊事。故將喜怒哀樂爲本體未發義，以配四德，別於七情爲已發一義。故曰：

中庸言喜怒哀樂，專指四德言，非以七情言也。〔註65〕

四德者原指仁義禮智，本屬性而非情，然蕺山以喜怒哀樂爲未發之中，而與仁義禮智同爲此中所本有。遂以喜怒哀樂配仁義禮智，以別於已發之七情。不僅此，蕺山復以心之惻隱、辭讓、羞惡、是非等性，配屬喜怒哀樂；以易之元亨利貞，四時之春夏秋冬配屬於未發義之喜怒哀樂，而唯將大學所謂忿懥、恐懼、好樂、憂患之心爲已發。〔註66〕屬七情邊事。知蕺山將喜怒哀樂與四德、四端、四時統攝於未發之中，同爲此獨中本有之性即情也，非感於外始生之情。此攝情爲性者，亦即其攝已發於未發之中和說之發揮也。茲錄一段學言，藉明其以喜怒哀樂配四德、四端、四時之「性」「情」相應說也。云曰：

喜，仁之德也；怒，義之德也；樂，禮之德也；哀，智之德也。而其所謂中，即信之德也。一心耳，而氣機流行之際，自其盎然而起也，謂之喜；於所性爲仁，於心爲惻隱之心，於天道則元者善之長也，而於時爲春。自其油然而暢也，謂之樂；於所性爲禮，於心爲辭讓之心，於天道則亨者嘉之會也，而於時爲夏。自其肅然而斂也，謂之怒；於所性爲義。於心爲羞惡之心，於天道則利者義之和也，而於時爲秋。自其寂然而止也，謂之哀；於所性爲智，於心爲是非之心，於天道則貞者事之幹也，而於時爲冬。〔註67〕

中庸之「喜怒哀樂之未發」一語，解者皆謂此心尙無喜怒哀樂之意。然蕺山曰「自喜怒哀樂之存諸中而言，謂之中，不必其未發之前別有氣象」。〔註68〕知蕺山以心本有喜怒哀樂，而此未發非指尙無也。心本有喜怒哀樂，又配之以四德、四端其關鑑在有一中氣運行其間。蓋喜怒哀樂一氣流行，而春夏秋冬與之禪代不已，故能時保中氣與時偕行，即謂之中。此中即四氣之中氣，而和者即中氣流露處。而四時依此中氣以替代，四端之情亦依此而相生矣。故曰：

乃四時之氣所以循環而不窮者，獨賴有中氣存乎其間而發之，即謂

〔註65〕見全書卷十一學言中，頁651。
〔註66〕見全書卷十一學言中，頁662。
〔註67〕見全書卷十一學言中，頁651。
〔註68〕見全書卷十一學言中，頁652。

之太和元氣。是以謂之中，謂之和；於所性爲信，於心爲眞實無妄

之心，於天道爲乾元亨利貞，而於時爲四季。〔註69〕

此仍自由存至發而四氣運行言中和也。蓋蕺山意以人心本有四德、四情皆屬攝情歸性之未發之情，性情皆屬未發一面。而中者非未發之先，和者非已發之後，性情存諸中時謂中，發於外時謂和。故性情非分屬中和，只存時是中，發時是和。已發未發以表裏言，不以先後言，故曰：

自喜怒哀樂之存諸中而言，謂之中，不必其未發之前別有氣象也。

自喜怒哀樂之發於外而言，謂之和，不必其已發之時又有氣象也。

蓋以表裏言，不以前後際言也。惟存發總是一機，故中和渾是一性。〔註70〕

此蕺山以存發，中和爲一體表裏之關係，異前人以存發中和爲先後關係之說也。

蕺山不以已發論情，則人欲之情如何安排？此處蕺山則將笑啼詈罵表現於經驗中者爲形下，而別於喜怒哀樂諸情本身之形上義。以情本身之喜怒哀樂爲形上，情之表現若笑啼詈罵爲形下，意在肯定「情」之超越義以合其存發一機，中和一性之旨。此於年六十六，答史子復質疑第六條以「朱子以未發屬性，已發屬情，亦無甚謬」語中，明示喜怒哀樂與笑啼詈罵之不同。其言云：

天無一刻無春夏秋冬之時，人無一刻無喜怒哀樂之時；如曰：喜怒哀樂有去來，而所以喜怒哀樂者未嘗去來，是謂春夏秋冬有去來，而所以春夏秋冬者未嘗去來也；則亦並無去來之可言矣。今曰：人有絕然無喜怒哀樂之時，必待感而後有，正以笑啼詈罵爲喜怒哀樂也。以笑啼詈罵爲喜怒哀樂，則是以風雨露雷爲春夏秋冬矣。〔註71〕

如此以超越義之情言喜怒哀樂，自異於朱子分未發已發爲性情之說。故此喜怒哀樂超越之情，與人欲之七情有別，而爲形上獨體所本有，與性同屬本體一面，乃有性情爲一之說。蓋蕺山以心本有之能力爲性，而此能力自身爲情，故具此喜怒哀樂爲心之性，而此喜怒哀樂本身則爲心之情，所謂「喜怒哀樂，所性者也。未發爲中，其體也。已發爲和，其用也。合而言之，心

〔註69〕同註68。

〔註70〕見全書卷十一學言中，頁653。

〔註71〕見全書卷九商疑十則答史子復，頁551。

也。〔註72〕如此性情合論，則中爲未發之性，和爲已發之性，若心之能思，目之能視，皆爲此中獨體於未發已發處之性，故中和本是一理而可合而論之矣。此觀點至其年六十五答董標心意十問言及，云曰：

> 未發以所存而言者也，蓋曰：自其所存者而言，一理渾然，雖無喜怒哀樂之相，而未始淪於無，是以謂之中。自其所發者而言，泛應曲當，雖有喜怒哀樂之情，而未始著於有，是以謂之和。中外只是一機，中和只是一理，絕不以前後際言也。〔註73〕

蕺山由其五十七歲著聖學宗要論中和，至六十六歲以中爲未發之性，和爲已發之性同爲獨體未發已發處之性，同屬超越一面，而有中和合論之說；論性情，至六十五歲亦成其歸喜怒哀樂爲超越之情，與性同爲獨體所本具，以異經驗之七情者之性情爲一說也。皆蕺山動靜只一機，存發只一理愼獨說之發揚也。

第三節　愼獨即致良知

年譜謂蕺山於陽明之學，始疑其近禪，中信其爲聖學，終而辨難不遺餘力。〔註74〕信其爲聖學者，蓋指其於天啓六年，蕺山年四十九立說愼獨，讀書韓山草堂之際，每日晨取有明諸儒文集傳記考訂之，及次年乃輯成「皇明道統錄」，〔註75〕而通錄中無閒辭者，自遜志康齋外，又有曹同川、故敬齋、陳克庵、蔡盧齋、王陽明、顧涇陽六先生。〔註76〕即於此時讀陽明文集，始信而不疑，遂推尊陽明矣。逮至崇禎七年，蕺山年五十七，著聖學宗要，發明濂溪主靜立人極之旨。又同年於答宏祐書中云「則陽明先生所謂『無善無惡心之體』未必然也。則陽明先生所謂『爲善去惡是格物』亦未必然也」。〔註77〕其明示有善無惡之旨，反陽明無善無惡、爲善去惡四句教之說，自此其聖學不復專主陽明一路矣。

蕺山於年五十至年五十七之間，因讀陽明文集而信之。然其時段，正當蕺山年四十八起，立說愼獨之同時。而蕺山以「即知即行，即靜即動，即體

〔註72〕見全書卷十二學言下存疑雜著，頁 744。
〔註73〕見全書卷九答章生心意十問，頁 540。
〔註74〕據全書卷四十年譜下，頁 3666 事。
〔註75〕據全書卷四十年譜四十九、五十歲事。
〔註76〕據全書卷四十年譜上，頁 3543 事。
〔註77〕見全書卷十九，與屢思十，頁 1331。

即用，即工夫即本體」。〔註78〕言陽明致良知，實正合其即工夫即本體之慎獨學說。自年五十，撰道統錄，提陽明「良知只是獨知時」一語，為其植基於慎獨之信王宗旨，復於五十四著中庸首章說中及年五十五，答履思書六中。〔註79〕皆強調「良知只是獨知時」一語。可知蕺山之信陽明，實在以陽明反求諸心得其所性之覺之良知，為其慎獨學說之獨知者；以即知即行，即體即用之致良知，為其慎獨學說即本體即工夫之實踐工夫也。則蕺山中年推尊陽明者，實皆通過其本身慎獨觀點，檢查致良知說，而取以印證其慎獨學說。故其推尊陽明時期，實為完成其慎獨學說過程中之一助緣發展也。此處便以「慎獨即致良知」論之。

蕺山既信陽明，故推尊之曰：

> 先生承絕學於辭章訓詁之後，一反求諸心而得其所性之覺，四良知；因示人以求端用力之要，曰致良知。良知為知，見知不囿於聞見；致良知為行，見行不滯於方偶。即知即行，即心即物，即動即靜，即體即用，即工夫即本體，即上即下，無之不一；以救學者支離眩鶩之病，可謂震霆啓寐，烈耀破迷，自孔孟以來，未有若此之深切著明者也。〔註80〕

陽明以孟子所謂人皆有之是非之心為良知，而此良知乃亘古亘今，無有終始地存於人心之天理，此天理亦即無所不知，無所不能之良知，故謂「天理即是良知；千思萬慮，只是要致良知」。〔註81〕蕺山亦以一反求諸心而得其所性之覺為良知，就此良知言本體，則本體合於天理而不虛無，就此良知言工夫，則工夫亦條貫天理而無枝葉之雜，故曰：

> 良知之於物，如鑑之於妍媸，衡之於高下，而規矩之於方圓也。鑑不離物而定妍媸，衡不離物而取高下，規矩不離物而辨是非，一也。〔註82〕

一也，指天理一於良知之中。而人性本善合於天理，然有時而惡，在氣拘物蔽，使良知蒙昧故所見恍惚，苟能去其物蔽，復返本在我之良知，便是入良知的路頭。故其於年五十四與陶石梁會講於陶文簡公祠（即石簣書院）答諸

〔註78〕見全書卷四十年譜上，頁3544。
〔註79〕見全書卷十九，答履思六，頁1325。
〔註80〕同註78。
〔註81〕見王陽明全書卷三，傳習錄下。
〔註82〕見全書卷三十八大學古記約義格致章，頁3359。

生問云：

> 文成指出良知二字，直爲後人拔去自暴自棄病根。今日開口第一
> 義，須信我輩人人是個人。人便是聖人之人，聖人卻人人可做。於
> 此信得及，方是良知眼孔。〔註83〕

人人可做聖人，只在認識其廓然大公，寂然不動，未發之中本體之良知以致
之，自可去自暴自棄之病根。

陽明以致良知爲徹上徹下工夫，若用力於學問思辨篤行之功，推而至極
以至於盡性知命，一在致此良知耳。其釋致良知有云：「致者，至也。致知云
者，非若後儒所謂充廣其知識之謂也；致吾心之良知焉耳」。〔註84〕

蕺山亦爲學者但學克去人欲之私一端，此處須反求諸心，就靈光初放處
檢查之，果爲人欲之私，便即克去，便是致良知，自能盡性知命，非僅拘於
讀書識理，反似沿門托缽之乞兒矣。故其於崇禎四年五月三日證人社第三會，
答諸生以學是自家一點靈明即良知者曰：

> 學即良知，極是陽明先生恐入墮落空虛，故說個良，又談個致，便
> 有許多切實處。但把自己靈明時時提醒，做主人翁。果做得主人
> 翁，方是良知，方是致良知，這方是學。〔註85〕

良知不囿於聞見是天理之知，致良知不滯於方偶是天理之行，而言良知者，
正爲力行此天理，則知行不可分言。而吾人之身心意知物，雖各具其條理，
然其條理實相通一。其所以格致誠正修者，亦一貫其條理之工夫。以此一貫
之格致誠正，去就意根考察，心源體認，身上檢點，家國印證上良知者，便
是格物工夫，致知工夫。亦蕺山即知即行之致良知工夫，故曰「求本心於良
知，指點更爲親切。合致知於格物，工夫確有循持。〔註86〕

蕺山數言「良知是獨知時」者，謂此獨是未發之中，是物之本，知之
止，不學不慮眞根抵處，即吾心之良知。而慎獨者，乃格之致之以慎其聞見
動念，使心常如此未發之良知獨體。蓋人心如猿，意如馬，一念既生，機亦
隨之，爲惡爲非，悔之無及者，皆緣其未能保任而放失其未發時之獨體良
知。若能慎此獨體良知，存之養之，靜動未發已發皆合吾心本來獨體良知，
則悔過不住矣。故學者當慎此獨體良知，時時守之致之，不失其照察之功，

〔註83〕見劉子全書遺編卷一，頁3。
〔註84〕見王陽明全書卷二十六續編一、大學問。
〔註85〕見劉子全書遺編卷一，頁89。
〔註86〕見明儒學案卷首師說，王陽明。

便能知善而不致認賊做子，知惡而不致認子做賊，故曰「良知是獨知時」也。然其改過遷善，照察靈明之用力處，即「良知吃緊處，便只用在改過上，正是慎獨工夫」。〔註87〕故贊曰：

> 陽明子曰「慎獨即是致良知」即知即行，即動即靜，庶幾心學獨窺一源。〔註88〕

「慎獨即致良知」者，即蕺山為證成其體用為一之慎獨學說，故推尊陽明即體即用之致良知說也。及年五十七答宏祐書中以有善無惡之旨，反四句教「無善無惡心之體」、「為善去惡是格物」者；年五十九，以「意為心之所存非所發」立其誠意教復異於四句教之「有善有惡意之動」一句，自此遂不復推尊陽明，而進於辨難王學之最後精熟階段矣。

第四節　本體工夫並重

天啓七年，蕺山年五十，輯「皇明道統錄」推尊陽明為聖學，然同時又覺陽明教人有重本體輕工夫之一傾向，所謂：

> 特其急於明道，往往將向上一機輕於指點，啓後學躐等之弊有之。
>
> 天假之年，盡融其高明踔絕之見而底於實地，則範圍朱陸而進退之，有不待言矣。〔註89〕

啓後學躐等之弊，意指重最高境界之體悟，會輕忽踐履工夫者。蕺山適時倡說即體即用之慎獨工夫，原即為改進王門末流虛無之病而來。故讀陽明文集，信知行合一之致良知為聖學，以會通其慎獨學說。然亦覺王門末流之病，實與陽明輕點向上一機有關。若陽明無善無惡心之體之旨，龍溪四無之說，周海門堅持無善無惡之義，及陶石簣、陶石原兄弟之夾禪說良知，皆侈談本體之體悟而輕忽踐履之工夫者。其於年五十四，與陶石梁會講陶石簣祠，立證人社，互講良知之學，遂有接觸矣。年譜崇禎四年記其事云：

> 先生率同志大會於石簣先生祠，同主事者為石梁先生。初登講席，先生首謂學者曰：此學不講久矣。文成指出良知二字，直為後人拔去自暴自棄病根。今日開口第一義，須信我輩人人是個人；人便是

〔註87〕見全書卷十九、答履思六，頁1326。
〔註88〕見全書卷三十八大學古記約義慎獨章，頁3363。
〔註89〕同註78。

聖人之人，人人可做。於此信得及，方是良知眼孔。因以證人名
社。〔註90〕

會中石梁有「行不至處正是知不至處。致知在格物，則不必復言行矣」。〔註
91〕已見石梁輕工夫傾向，同年蕺山答秦履思書二中謂為善去惡非本體流露處
有云：

> 陶先生切切以本體救之，而學者猶不能無疑於此，何也？既無善可
> 為，則亦無所事於為善矣。既無惡可去，則亦無所事於去惡矣。既
> 無本體，亦無工夫，將率天下為猖狂自恣。故僕於此，只揭「知善
> 知惡是良知」一語解紛。就良知言本體，則本體絕無虛無。就良知
> 言工夫，則工夫絕無枝葉。庶幾去短取長。〔註92〕

去短取長者，蓋蕺山以體用為一之慎獨言良知，自不同意石梁單重本體之
旨，而有所糾正。又由為善去惡一語，顯示蕺山承東林性善說，主心體有善
無惡以反陽明心體無善無惡之說。蕺山對本體工夫之論辨即種因於此。及次
年，石梁會講，仍揭良知為指歸，每令學者識認本體，年譜有云：

> 識得本體，則工夫在其中。若不識本體，說恁工夫？先生（蕺山）
> 曰：不識本體，果如何下工夫。但既識本體，即須認定本體用工
> 夫，工夫愈精密，則本體愈昭熒。今謂既識後遂一無事事，可以縱
> 橫自如，大通無礙，勢必猖狂縱恣，流於無忌憚之歸而後已。〔註93〕

自此一無談本體，一認定本體用工夫，宗旨明白相異。諸生若王朝式，秦宏
祐、錢永錫等遂獨奉石梁為師模，糾集同志數十人，別會自馬嚴居，日求所
謂本體而識認之。〔註94〕蕺山與石梁等辨難，自此而不絕矣。此處姑就蕺山
反對無善無惡，及無主本體二端言之。

蕺山早年反王在於疑其近禪，中年反對石梁者仍在評其近禪，唯此時乃
承東林反對無善無惡之性善論，以心體有善無惡一端論之也。蕺山以「大學
言至善，指出獨中消息」。〔註95〕而「性以理言，理無不善」。〔註96〕乃謂性

〔註90〕見全書卷四十年譜上，頁 3575。
〔註91〕見劉子全書遺編卷一，頁 3。
〔註92〕見全書卷十九答履思二，頁 1319。
〔註93〕見全書卷四十年譜上，頁 3579。
〔註94〕據全書卷四十年譜，頁 3580 事。
〔註95〕見全書卷十一學言中，頁 660。
〔註96〕見全書卷十一學言中，頁 645。

體至善，所自立之四句教亦云「知是有善無惡之知，則物是有善無惡之物，意即是有善無惡之意，而心之爲有善無惡，復何疑乎」〔註97〕心體有善無惡，蓋有善則無惡，無惡則有善，自不須爲善以去惡，去惡以爲善。心本善而無惡，有何善可爲？何惡可去也？故反陽明「無善無惡心之體」一語。其年五十七答秦弘祐書云：

> 僕嘗謂天地間，道理只是個有善而無惡。我輩人學問，只是個爲善
> 去惡。言有善，便是無惡；言無惡，便是有善；以此思之，則陽明
> 先生所謂無善無惡心之體，未必然也。〔註98〕

又以龍溪四無爲「有無不立，善惡雙泯，任一點虛靈明覺之氣縱橫自在，不離著於一處，幾何而不蹈佛氏之坑塹」。〔註99〕如此心無善固可，若以心亦無惡，則放僻邪侈無所爲不爲，故主心是有善無惡，而非無善無惡之虛玄猖狂者流也。及年六十一白馬山房一派，皆從石梁倡禪說，蕺山目此，遂於答王生士美書中深弊之曰：

> 吾鄉陶石梁子雅爲吾黨推重，特其入門不免借途釋氏，一時從遊之
> 士多以禪起家，卒難驟返於正，亦其弊也。〔註100〕

石梁承龍溪以無善無惡說良知，即以悟得良知之主體性自身爲唯一工夫，就理論意可成立。然就透顯表現此主體性言，僅憑一悟了事，而踐履化成之工夫全爲無用之事，此中便有缺陷而近釋矣。故蕺山重踐履以透顯此獨體良知，否則空言本體、終無著落。其年五十四答履思書二，即申言本體工夫本一事以駁石梁，語云：

> 本體處直是著不得一語。才著一語，便是工夫邊事，然言工夫而本
> 體在其中矣。大抵學者肯用工夫處，即是本體流露處。其善用工夫
> 處，即是本體正當處。若工夫之外，別有本體，可以兩相湊泊，則
> 亦外物而非道矣。〔註101〕

蕺山反石梁全以一悟爲事，易入猖狂縱之病。復主本體工夫爲一事，識認本體終無著落，自不可以悟得我所自有之獨體良知便止，而無踐履保任。蓋空言之靈明，本只一物，物時有毀壞蒙蔽，而獨體良知則爲不物於物之主宰，

〔註97〕見全書卷二十一錢緒山先生要語序，頁1538。
〔註98〕見全書卷十九與履思十，頁1331。
〔註99〕見明儒學案卷首師說，王畿。
〔註100〕見全書卷十九、答王生士美，頁1376。
〔註101〕見全書卷十九、答履思二，頁1318。

能無蔽損者，在愼獨所致。則蕺山由即體即用之愼獨立場，於石梁等以識認即工夫者，自持異議，故年五十五，答屢思書五，即謂：

> 此是仁者以天地萬物爲一體實落處，不是懸空識想也。近世一輩學者肯用心於內，亦多犯懸空識想，將道理鏡花水月看，以爲絕悟，其弊與向外支離者等。〔註102〕

欲顯此良知主體性，不可專恃一悟，蕺山於此一則不主於悟處言工夫，一則即專就本體言，亦不得無專識認或內悟。〔註103〕蓋石梁每言識認二字，以良知本我所有，用力於此，一撥便轉成良知靈明，便悟得本體轉成聖人。然蕺山以若僅恃識認爲本體，此識認只恍惚之見，未必眞是良知。如此學者從識認下手，所欲識認者爲何？又一陷阱矣。故謂「孔門授受，只在彝倫日用處討歸宿，絕不外此空談本體，滋人高明之惑。孟子言良知，只從知愛知敬處指示，亦是此意。知愛知敬，正是本體流露正當處」。〔註104〕此則以日用彝倫、知愛知敬之儒道爲識認良知本體之對象，以補石梁虛無近釋言識認本體良知之弊。綜言之，蕺山主張本體及工夫「須看作一個工夫始得」，而以良知「本體只在日用常行之中」。據此從識認非工夫、識認者爲何二端，辨駁石梁單重本體之誤。此固爲其即本體即工夫愼獨學說之發顯，亦爲其糾正王學之一重要行動也。二者論辯本體工夫之重點，可由崇禎七年，蕺山年五十七之一段會講話錄，總括表明以爲此期論辯之結束，其云：

> 秦弘祐謂陶先生言識認本體，識認即工夫，惡得以專談本體少之？
> 先生（蕺山）曰：識認終屬想像邊事，即偶有所得，亦一時恍惚之見，不可據以爲了徹也。且本體只在日用常行之中，若舍日用常行，以爲別有一物，可以兩相湊泊，無乃索吾道於虛無影響之間乎？〔註105〕

〔註102〕見全書卷十九、答屢思五，頁1324。
〔註103〕此段據勞思光中國哲史卷之下，頁572。
〔註104〕見全書卷十九、答屢思二，頁1320。
〔註105〕見全書卷十三會錄，頁790。

第三章　晚年誠意

第一節　緣　起

　　崇禎九年，蕺山年五十九，於居官暇日，次第錄其心得，名曰獨證篇，發明其讀大學「誠意」之說，其言云：

> 大學之教，只要人知本。天下國家之本在身，身之本在心，心之本在意。意者，至善之所止也，而工夫則自格致始。格致者，誠意之功。功夫結在主意中，方爲眞功夫。意爲心之所存，非所發也。〔註1〕

此以家國天下身心緊收於一「意」中，而工夫但用於此意者，爲其愼獨本教又一進展。蓋蕺山論愼獨，本在愼此靈明主宰之獨體無所走失上用工夫，故於工夫理論上，攝省察於存養，攝動於靜；於本體理論，則建立其主宰義之獨體，作爲通俗合家國身心爲一，具超越主宰義之「意」之肯定。〔註2〕故蕺山於年四十九自我立說愼獨之旨，十年後復又立說誠意者，名目雖異，取向有別。然其以一具主宰義之獨體即意者，貫穿其合本體與工夫爲一形上本體，以即體即用之學說宗旨，則無改變，只愈趨精熟有著落爾。故謂「大學之道，誠意而已矣。誠意之功，愼獨而已矣」。〔註3〕知蕺山言愼獨論誠意者，本是一貫之旨。今以「誠意」歸結其晚年成學之經過，但爲立名方便之權說，非分愼獨、誠意爲二不同階段也。

〔註1〕據全書卷四十年譜，頁3607，五十九歲事。
〔註2〕據勞思光中國哲學史卷之下，頁576。
〔註3〕見全書卷二十五雜著，讀大學，頁2055。

　　蕺山發明大學誠意說時，適逢清軍屢寇京師，國鼎動搖之變，復遭溫體仁亂政誤國，遂屢疏陳時事之敗，及上救弊之策，並斥責體仁等。其疏若「王道其要在慎獨」「臣願皇上視朝之暇時，日講求二帝三王之學，求其獨體而慎之，則中和位育，庶幾無遠」。〔註4〕「聖脩時懋，本之靜存動察，惟是分理欲而辨消長」者，〔註5〕皆見蕺山惓惓欲講明學術以救世之志，蓋學之本末，乃行之終始也，然惜其說終不見用於「求治太急，倚用風雷」之崇禎。復屢斥體仁誤國，反遭體仁誣讒，竟二度革職爲民。〔註6〕此時蕺山有五古之時艱行一首，頗能見其革職前後感時傷事事慨及境遇，節錄之如下（全書卷二十七，頁 2229）：

> 時艱驅我去，菇荼備迮邅。今者痛始定，客心殊惘然。縶我辭國門，時云胡犯宣。……昌平三萬戌，城頸一炬燃。豸史首攖難，官民血流川。……輦金數萬萬，道路子女塡。從容飽所掠，乃從隘口穿。我師出兩月，不敢一控弦。……叛將與逃吏，紛紛安足言。哀哉十萬師，送行殊可憐。……殘局雖已結，永爲前事懸。贏臣有餘恨，灑血上方鮮。

處此國無明主，朝有叛逃之臣，戰事不利局勢日壞，清軍謀圖日急之際，蕺山自愈思以學術振作人心，挽狂瀾於既倒。則政局愈危時間愈迫者，予其講學救世之正面壓力愈大。故其倡此誠其心中主宰之意，使身心家國之格致修齊工夫，一起俱到一起俱了之誠意學說，以對應時事。則此緊斂本體工夫爲一，而工夫但用於本體之誠意者，較之朱、王窮理，致良知之按部就班，層修層進之學說，自爲直截與方便矣。

　　蕺山立說誠意因緣，亦與其深弊王門末流有關，年六十六所著證學雜解有云：

> 今天下爭言良知矣。及其弊也，猖狂者參之以情識，而一是皆良；超潔者蕩之以玄虛，而夷良於賊。亦用知者之過也。夫陽明之良知，本以救晚近之支離，姑借大學以明之，未必屬大學之旨也。〔註7〕

可知蕺山反陽明良知爲大學本旨，而猖狂玄虛之弊，又在於用知太過也。所謂「用知太過」，指陽明輕點向上一機，遂啓王門言現成良

〔註4〕 見全書卷四十年譜上，頁 3595。
〔註5〕 全書卷四十年譜上，頁 3599。
〔註6〕 據全書卷四十年譜五十九歲，頁 3605 事。
〔註7〕 見全書卷六證學雜解解二十五，頁 441。

知，當下即聖之弊，此可見前論蕺山，自崇禎五年起，論辯白馬派之重本體輕工夫一節所述。

而自蕺山立場，所論良知非大學本旨者，因蕺山承其獨體觀念而以「意者，心之所存，非所發也」，〔註8〕意即為德性根源，自然反對陽明「有善有惡意之動」，以意為所發之說，故曰：

意為心之所存，則至靜者莫如意。乃陽明子曰：有善有惡意之動，何也？意無所為善惡，但好善惡惡而已。〔註9〕

此意即具好善惡惡之功能，故只就知善知惡一義說良知，而由此力駁陽明致良知矣。蓋若意之生是有善有惡，則致良知只是事後檢點，不合蕺山於本體上用工夫之慎獨本教，自不合本慎獨立說之以一義總攝諸義之大學誠意教。所謂「古本聖經而後，首傳誠意，前不及致知，後不及欲正心，直是單提直指，以一義總攝諸義」。〔註10〕故以發後檢點，用功於致知之致良知，非大學單提直指，工夫只在意根上之誠意本旨。〔註11〕故曰：

乃陽明宛轉歸到致良知為大學宗旨。大抵以誠意為主意，以致良知為工夫之則，蓋曰：誠意無工夫，工夫只在致知……乃質之誠意本傳，終不打合。〔註12〕

蕺山即承慎獨本教，立意為所存非所發之說，對治王門流弊，復以包舉格致於內之誠意工夫，反駁陽明致良知非大學誠意本教，以完成用功於意根之誠意學說。則蕺山一生糾結於王學中，疑之信之，辯之難之，而終成其慎獨誠意之學者，王門刺激促進之功實居首要。

蕺山先以中庸說慎獨，再以大學論誠意者，蓋本於宋明儒者，講學多重論語孟子中庸易傳大學五書之故。其中論孟重主觀之心體，中庸易傳重客觀之性體，而大學僅略以修德為要，並未決定修德內容為何？〔註13〕論者可依己性之所近賦予其內容。而蕺山即本大學講誠意慎獨之學，一切工夫用在誠意。故取大學釋誠意所云「所謂誠其意者，勿自欺也。如惡惡臭，如好好色，此之謂自謙。故君子必慎其獨也」者，以誠其意者釋慎獨。而中庸最重

〔註8〕見全書卷十學言上，頁613。
〔註9〕同註8。
〔註10〕見全書卷十二學言下存疑雜著，頁699。
〔註11〕據勞思光中國哲學史卷三下，頁583。
〔註12〕同註10。
〔註13〕據牟宗三從陸象山到劉蕺山，頁485。

慎獨，蕺山即本其說之。故蕺山復以大學誠意收攝中庸慎獨，而以中庸慎獨為大學誠意之內容，乃有「意也者，至善歸宿之地，其為物不貳，故曰獨」。〔註14〕意根即獨體也。此雖非大學本旨，正見蕺山之特色。而中庸所論之學問思辨工夫，蕺山亦引之注釋大學格物致知，所謂「先儒謂中庸是大學註疏，直是字字體貼出誠意工夫」。〔註15〕蕺山如此重視學庸，互以二者為內容為工夫，知二者雖下手取向不同，實一事也。故曰「誠意之功，慎獨而已矣」。則蕺山晚年立教，言誠意不言慎獨者，即在以大學有實位之「意」，代替無實在內容而處虛位之獨體。如此誠意即誠大學八目中之意者，而蕺山又以八目一貫，誠此一目，其他七目一起俱到。則立誠意以教人，自較舉慎獨為顯豁有據，〔註16〕此則依字面說舉誠意者也。

蕺山既以「意為心之所存，非所發」及「格致者，誠意之功」立說，日後與友生論學之《學言》，即皆扣緊不分本體工夫之誠意一旨論說。若年六十，與葉廷秀、金鉉等論學，仍強調獨體以收斂為主，發散是不得已之意。〔註17〕年六十五，答葉廷秀問，以誠意為存發合一，為心之主宰止至善處者，明誠意後並無致知之功，及誠意足攝內外之理。〔註18〕年六十八，辭朝暫止接待寺，作心意十答示董標，明意為心之主宰，即主宰而流行在其中之意。〔註19〕又數答史子復，發明致知之知，即知止之知，格物之物，即物有本末之物，以為誠意用功處。〔註20〕就中於年六十五著治念一說甚重要，蓋其以思與意同屬超越層之意，而以念為經驗層之意念，發明「念有起滅，思無起滅」一義。乃完成其誠意學說，如何於形下世界行成德工夫之根據，否則誠意只成空言矣。

年六十辨太極之誤，亦本存發一機，動靜一理之誠意教，倡言理即氣之理；心即人心之本心；義理之性即氣質之本性，提出其全異先儒成說之以太極為萬物之總名之說。〔註21〕

而年六十六著良知說，認陽明將意字認壞，故乃求良於知，又將知字認

<hr>

〔註14〕同註3。
〔註15〕見全書卷十二學言下存疑雜著，頁717。
〔註16〕據曾錦坤著劉蕺山思想研究，誠意即慎獨一節。
〔註17〕據全書卷四十年譜上，頁3612事。
〔註18〕據全書卷四十年譜上六十五歲，頁3638事。
〔註19〕據全書卷四十年譜上六十五歲，頁3659事。
〔註20〕見全書卷四十年譜下，頁3699。
〔註21〕據全書卷四十年譜上，頁3613事。

粗，遂退而求精於心，只在念起滅處用工夫，卻不知大學之致知，只是知止之知，而「知在止中，良因止見，故言知止則不必更言良知」矣。〔註22〕此爲蕺山對治王學之最後態度，亦其誠意教之產生與完成之主因。以上簡述蕺山誠意學說成學之經過，下即依其發展段落論述各段之學旨。

第二節　誠意之旨

蕺山年五十九，著獨證篇，發明「意者心之所存，非所發」之誠意教，爾後與友書信與學言，皆承此而發矣。有云：

> 大學之教，只要人知本。天下國家之本在身，身之本在心，心之本在意。意者，至善之所止也，而工夫則自格致始。〔註23〕

將大學誠意知本之學，歸結八目於一至善之意，而工夫便是格致者，實蕺山誠意教之重點，下即分釋意，誠及誠意之工夫，以明學說旨義。

一、誠意之定義

（一）釋　意

蕺山攝大學八目於誠意一目，絕異先儒以意爲所發者，在其以意爲心之所存，意能察照善惡，意爲至善止處數端。自意爲心之所存言，蕺山於商疑十則答史子復（全書，頁544）即云：

> 心只是個渾然之體，就中指出端倪來曰意，即惟微之體也。……意者，心之所以爲心也。非以所存爲心，所發爲意也。

蓋心本自身之主宰，而意又爲心之虛靈不昧之主宰，心本虛靈而善應，其中虛靈有覺知所定向者曰意，非謂心無主宰，以意爲主也。故謂「心之主宰曰意，故意爲心本」。〔註24〕意爲心虛靈主宰，故無所存發，又常存常發，自不可以存爲心，發爲意也。而此惟微具主體性之意，又不可以有無言，以明其非經驗義中有起滅之意念，此其誠意愼獨教之根基也。故又云：

> 意者，心之所以爲心也。止言心，則心只是徑寸虛體耳。著個意字，方見下了定盤鍼，有子午可指。然定盤鍼與盤子終是兩物。意之於心，只是虛體中一點精神。仍只是一個心，本非滯於有，安得

〔註22〕見全書卷八良知說，頁507。
〔註23〕見全書卷四十年譜上，頁3607。
〔註24〕見全書卷十二學言下存疑雜著，頁705。

而云無。〔註25〕

此以指南針爲喻，意爲定盤鍼，而心如盤子，則意乃心之本性，即心之定向能力，自不可以有無論之也。故就內容言，意爲心之定向本性，而爲心之所存非所發也。

自意能察照善惡言。意既爲心所存，故能虛靈善應，隨感而見，非因感始生，蕺山嘗例曰「心如穀種，仁乃其生意。生意之意，即是心之意。意本是生生，非由外鑠我也。〔註26〕則意本生生不息，具自覺定向能力，其感物而動之同時，亦不息地實踐道德，而爲性道教所從出，其自覺察照之功能亦可知矣。故證學雜解解十一釋之曰：

> 此心一眞無妄之體，不可端倪，乃從覺地指之。覺者，心之主也。
> 心有主則實，無主則虛。實則百邪不能入，無主焉反是。有主之
> 覺，如明鏡當空，妍媸於焉立獻。〔註27〕

意既具察照之功，蕺山乃承大學「誠其意者，毋自欺也。如惡惡臭，如好好色」之義，予其好善惡之功能。所謂：

> 心無善惡，而一點獨知知善知惡；知善知惡之知，即好善惡惡之
> 意。好善惡惡之意，即是無善無惡之體，此之謂無極而太極。〔註28〕

蓋意本超乎形下善惡之上，而處絕對善之境，然其主宰之察照能力，能知善知惡以好善惡惡，故善必好而惡必惡，如好好色，如惡惡臭然。而好惡本意之裁判是非之功能，所好惡者在事，故所好在善即所惡在不善，所惡在不善即所好在善。凡事有感，好則好之，惡則惡之，如此判裁道德，自然雖好惡兩用，只是獨體一機之用，並不矛盾。蓋「一念不起時，意恰在正當處也。……意淵然在中，動而來當動，所以靜而未嘗靜也。本無來處，亦無歸處」。〔註29〕謂此絕對自肯，淵然貞定具好惡義之意，但隨感而應，善則善之，惡則惡之，故靜而未嘗靜；復能不外逐於善惡二念，反收攝惡事，使復歸於善，故動而未嘗動。則意之好惡本具一機而兩用，非對偶而發之性；又具虛靈善應，好惡中節之功能也。故曰：

> 好惡二端最微，蓋動而未形有無之間者。動而未形有無之間，爲吉

〔註25〕見全書卷九，答董生心意十問，頁538。
〔註26〕見全書卷十二學言下存疑雜著，頁740。
〔註27〕見全書卷大證學雜解十一解，頁424。
〔註28〕見全書卷十一學言中，頁646。
〔註29〕見全書卷九，答董生心意十問，頁541。

之先見，即至善之體呈露處，止有一善，更無不善。所好在此，所惡即在彼，非實有好惡兩念對偶而發也。此幾一動，才受之喜怒哀樂四者，而刑賞進退生焉。依然只是此意之好惡而已。〔註30〕

自意爲至善止處言。蕺山嘗謂：

心渾然無體，而心體所謂四端萬善，參天地而贊化育，盡在意中見。〔註31〕

此以至善止處言意。蕺山之意，本具自覺定向之主宰義，爲道德之根源，故屬超越層之無善無惡境界，原說不得善惡，然爲對應經驗層相對之善惡爲說，乃假設此絕對至善爲有善而無惡之意也。故以意者爲至善之所止。蓋因「自中之好惡，一於善而不二於惡，一於善而不二於惡，正見此心之存主，有善而無惡也。〔註32〕而此心所存，有善無惡之中，即能一於善而不二於惡，便是具超越義之好善惡惡之意，即意之止至善而不遷處也。故曰：

若果以好善惡惡者爲意，則意之有善而無惡也明矣。然則誠意一關，其止至善之極則乎。〔註33〕

以上就道德根源義論意爲至善之止處；就主宰定向義言意具察照好惡之功能；自超越本體義言意爲心所存主非所發也。〔註34〕據此可知蕺山誠「意」之概矣。

（二）釋　誠

蕺山論誠可就其形上義及工夫義二端言之。自形上言，誠爲宇宙最高原理。所謂「意根最微，誠體本天」，〔註35〕此誠本大學而來，無僞即是誠。

曰：人無所不至，惟天不容僞。故君子不問其形之者，而惟問其誠之者。〔註36〕

又自工夫義言誠者，誠即是不容作僞之天，則人亦不容作僞，乃愼此獨體之意。蓋「誠者，天之道也，獨之體也。誠之者，人之道也，愼獨之功也」。〔註37〕誠之工夫，即人道即愼獨。而此處蕺山以意體代獨體，意之爲物，在

〔註30〕見全書卷三十八大學雜言，頁3381。
〔註31〕見全書卷十二學言下存疑雜著，頁691。
〔註32〕見全書卷十學言上，頁613。
〔註33〕見全書卷十二學言下存疑雜著，頁696。
〔註34〕同註16。
〔註35〕見全書卷十二學言下存疑雜著，頁715。
〔註36〕見全書卷十學言上，頁631。
〔註37〕見全書卷十一學言中，頁660。

指人心之道德根源，非心外別有之物，故誠之工夫，但在落實於意體，如實建立此意體之本然而已。故曰「意還其意謂之誠」。〔註38〕還字即誠之工夫，還人所性之全，便是中庸之誠身、明善，便是大學之誠意、致知。故曰：

> 一誠實所性之全，而工夫自明而入。要之，明善之善，不外一誠，明之所以誠之也。致知之知，不離此意，致之所以誠之也。本體工夫，委是打合。〔註39〕

蕺山將意置於本體，本體本無夾雜，誠意工夫，但順意好惡功能而好惡之便是，此全在全體上用功，故以本體工夫，委是打合。

然人為一事實存有，自有氣質夾雜，起意不誠，心失其主之時。所謂：

> 蓋好惡之性發而為四端矣。只為意不誠，則此心無主，往往任情而發，不覺其流失之病有如此者。〔註40〕

意為心主，而心動不循意以發，便失主宰而流蕩不安。然意之於心，不因習染而永昧，習染一去意便明之。而誠之工夫，便在查考此意之自為主宰，不倚習染否？所謂：

> 看喜怒哀樂未發時，作何氣象，此學問第一義工夫。未發時有何氣象可觀，只是查檢自己病痛到極微密處之才有倚著，便來橫決。若於此處查考分明之則中體恍然在此，而已發之後，不待言矣。〔註41〕

蕺山早力致力主敬工夫二十載，用功嚴密，對克治人欲之私，不使之他往，頗具心得。而誠之工夫，即立基主敬工夫者，其正命前，猶屢不主敬之旨，可明誠敬之關係。其言云：

> 為學之要，一誠盡之矣，而主敬其功也。敬則誠，誠則天。〔註42〕

蕺山復以虞廷十六字心傳之「六執」釋誠敬之工夫，語云：

> 惟精，以言乎其明也。惟一，以言乎其誠也，皆所謂惟微。二者皆以本體言，非以工夫言也，至允執厥中方以工夫言。中者，道之體也，即精一之宅也。允執者，敬而已矣。敬以敬此明，是謂嘗惺

〔註38〕見全書卷十二學言下存疑雜著，頁 695。
〔註39〕同註 35。
〔註40〕見全書卷十二學言下存疑雜著，頁 710。
〔註41〕見全書卷十學言上，頁 584。
〔註42〕見全書卷十三會錄，頁 852。

悝；敬以敬此誠，是謂主一無適。〔註43〕

惟精惟一，是宇宙絕對本體，不即而不離，故自本體言。而中者乃流行之道體，誠敬者便在順承此本體，收攝精神勿使他往，以肯定主宰之道體；或常自覺醒察照，去除私欲干擾，返回道體本初，此自工夫言者。故果能意還其意，愼其本初，便是誠之工夫，便是孟子所云「萬物皆備於我，反身而誠，樂莫大焉」之義也。

二、誠意之工夫

　　蕺山將意收歸本體，爲心所存主，復具有察照好惡之功能。且意體至善，則誠意乃即本體即工夫，隨時地可誠之工夫，屬超越層，不受氣質夾雜之先天工夫，實承蕺山即體即用，不分本體工夫之愼獨精熟說之也。所謂：

　　靜中養出端倪，端倪即意，即獨，即天。〔註44〕

　　古人極口指點，曰惟微，曰幾希，曰動之微，吉之先見，皆指此意
　　而言，正是獨。〔註45〕

意即獨即天，表其本體義。其讀大學雜著即云「意也者至善歸宿之地，其爲物不貳，故曰獨」。〔註46〕皆表此意。而盡此至善所止，天命所性之獨體，意體之工夫，即愼獨誠意之學，故云：

　　古人愼獨之學固向意根上討分曉，然其工夫必用到切實處，見之躬
　　行。〔註47〕

此言愼獨用功於意根者，此最微之意根，即天所託命於吾心之獨體，此時獨體乃就心體言。而心體爲自覺，性體是超自覺，則「獨者，靜之神動之機也」。〔註48〕「愼獨是格物第一義，才言獨便是一物，此處如何用工夫？只戒謹恐懼是格此物正當處」。〔註49〕獨是性體透露處，愼獨工夫即用於此處，此即「愼獨之功，只向本心呈露時，隨處體認去，便得全體熒然。與天地合德」。〔註50〕則愼獨工夫只敬愼其獨體，不對治氣質習染，自與「意還其意之謂誠」，

〔註43〕見全書卷十二學言下存疑雜著，頁747。
〔註44〕見全書卷十三會錄，頁804。
〔註45〕宋元學案卷三十九，豫章學案，宗義按語。
〔註46〕同註3。
〔註47〕見全書卷大證學雜解解大，頁420。
〔註48〕見全書卷十學言上，頁564。
〔註49〕見全書卷三十八大學雜言，頁3382。
〔註50〕見全書卷大證學雜解解三，頁417。

但還意根本來面目,誠敬此主宰之誠意工夫,同爲順承本體而發之先天工夫也。

蕺山論慎獨,以省察只是存養中最得力處故,乃攝省察於存養中。而所存者即此心靈明之獨體,慎獨即恒保此靈明不失,使能時時朗照,自不待事後之省察矣。就誠意言之,意乃具超越主宰義之至善止處,而誠乃純粹此至善主宰,不使之雜之工夫。則誠意亦恒保此中靈明之工夫,即慎獨矣。〔註51〕此就蕺山中年以來攝工夫於本體之學說特色論此先天之誠意慎獨工夫之來源關係。然本體乃於穆不已生生不息地呈現自我,故只須順承而不加干涉此道德根源之本體,使之如如呈現,自然性道教一起俱足矣。如此本其自覺而覺,不逐外而覺,所覺自當。故只須在本體上用工夫,本體自能誠敬戒懼而常保其靈明本體,推而至極,工夫皆爲本體而用,本體工夫不可分矣。故其年五十九,初舉立誠之旨即有云:

> 本體只是這些子,工夫只是這些子。仍不得分此爲本體,彼爲工夫;既無本體工夫可分,則亦並無這些子可指。故曰:上天之載,無聲無臭,至矣。〔註52〕

然此本體工夫不分之誠意慎獨者,實爲用工夫於本體,而非全無工夫,蓋全無工夫,則不能自覺作主,本體無得彰顯矣。又工夫用於本體之外,便是虛妄後天人爲之工夫矣。故曰:

> 率性之謂道,率又如何用功?若此處稍著一分意思,便全屬人僞,非徒無益,而又害之矣。〔註53〕

蕺山誠意慎獨說之先天工夫既明,而其誠意教,本自大學而來,復以大學八目論之。蕺山以好善惡惡爲誠意之功,能誠其意,種種辟執,皆在好惡中去,無所爲患,故以誠其好意之意,爲實穿八目之工夫。有云:

> 大學後五傳,篇篇有好惡二字。誠意之好惡,其所存也。正心之好樂念憶恐懼憂患,指其所發者而言也。至修身之親愛賤惡,則發而及於家者也。齊家之孝悌慈,其所令反其所好,則發而及於國者也。民好民惡,好人惡人,則發而及於天下者也。故君子必誠其意。〔註54〕

〔註51〕據勞思光中國哲學史卷三下,頁 579。
〔註52〕見全書卷四十年譜上,頁 3609。
〔註53〕見全書卷十二學言下存疑雜著,頁 719。
〔註54〕同註56,頁 716。

而誠意即慎獨，誠意盡括大學八目，慎獨自亦如此，故曰「慎獨是學問第一義，言慎獨，而身心意知，家國天下，一齊俱到。故在大學爲格物下手處，在中庸爲上達天德統宗，徹上徹下之道也」，〔註55〕其於大學古記約義之慎獨章，亦有慎獨可統貫八目之論，說如下：

> 君子之學，先天下而本之國，先國而本之家與身亦屬之已矣。又自身而本之心，本之意，本之知，本至此無可推求，是名曰獨。其爲何物乎，本無一物之中，而物物具焉，此至善之所統會也。致知在格物，格此而已。獨者，物之本；而慎獨者，格之始事也。〔註56〕

如此八目本乎獨，慎此獨體即成此八目之工夫也，而其始事則在格物，故曰「格物致知，總爲誠意而設，亦總爲慎獨而設也。非誠意之先，又有所謂致知之功也」。〔註57〕意謂此絕對主宰之意體，獨體固爲道德事業之根源，而格致乃顯發此道德根源之工夫。然蕺山之意，本具自覺定向能力，勿須格致，所行自然而善。此就先天工夫論，此意一誠，八目一起俱了。然就後天工夫言，則格致正臻於誠意慎獨之始事工夫，故以格致總爲誠意慎獨而設也。而蕺山所有攝動於靜，攝工夫於本體，即本體用工夫之學說特色，便完成於此「意根最微，誠體本天」之誠意慎獨教中。此可於其年六十五，答葉廷秀第四書中明白看出，並爲之作結。書云：

> 意誠則心之主宰處，止於至善而不遷矣。止善之量雖通乎身心家國天下，而根據處只在意上，蓋謹其微者，而顯者不能外矣。〔註58〕

三、誠意與大學

蕺山自大學立說誠意，爲其晚年學說之定論，故於大學一書所論甚詳。大學重點在八目一貫之工夫，蕺山論誠意，已異先儒成說，其論八目一貫，尤可見其誠意學說之特色。所爲論說，除散見學言上中下三篇外，復有年五十二所著大學古記約義，發揮格致、慎獨之旨；年六十八之大學古文參疑；門人董瑒所編之大學古記，大學雜言等多篇。據年譜六十六歲，記蕺山以曹魏石經本著大學誠意章章句，〔註59〕以格致無須傳釋，〔註60〕發揮其大學誠

〔註55〕見全書卷十學言上，頁 623。
〔註56〕見全書卷三十八大學古記約義慎獨章，頁 3361。
〔註57〕同註 3。
〔註58〕見全書卷十九，答葉潤山四，頁 1405。
〔註59〕據全書卷四十年譜下，頁 3665 事。

意學說。

　蕺山於崇禎九年，初立誠意時之學言釋八目云：

　　大學之教只要人知本。天下國家之本在身，身之本在心，心之本在
　　意。意者至善之所止也。而工夫則從格致始。正致其知止之知，而
　　格其物有本末之物，歸于止至善云耳。格致者誠意之功。工夫結在
　　主意中，方爲眞工夫。如離意根一步，亦更無格致可言。故格致與
　　誠意二而一，一而二者也。知止而定靜安慮得，所謂知至而后意誠
　　也。意誠，則正心以上一以貫之矣。〔註61〕

蓋其云物者，乃物有本末之物，即以天下、國、家、身、心、意六者皆物
也。而格物致知者，即格此六物，而知意之爲本，天下、國、家、身、心之
爲本也。若就事言，則事有先後者，而格致者乃格此六事，而格致誠意之爲
本，而正、修、齊、治、平之爲末也。故六物有本末，格物工夫須從意本格
起，以格此六物之本末；六事有先後，致知工夫須從誠意致起，以知此六事
之先後即知止。故格物致知即格六物而知六事之本末先後，即知其知本末知
先後而知止之知也。〔註62〕故其又云：

　　又就知中指出最初之機，則僅有體物不遺之物而已，此所謂獨也。
　　故物即是知，非知之所照。〔註63〕

獨者乃意根之謂，而意只六物之本，尙有天下、國、家、身、心五者爲末，
故此獨當括此六物言。物即此六物，則知與物俱可在誠正修齊治平六事之實
踐中，一起凝聚地實現，故曰物即是知也。物知即可在六事中呈現，蕺山乃
以之爲意本六物前之認識作用。嘗謂致知者，致吾知止之知也。致知在格
物，格其物有本末之物。〔註64〕蓋意乃至善之體，爲六物之本，而格物在格
此至善之意，即格此道德根源至善之意後，乃可致吾知止之知於此至善之
意。知止於意，而後意誠，則格致即誠意之功也。此所謂：

　　誠意者，行之始也。即在學問思辨時，即就格致中看出；非格致了
　　方去誠意也。可見格致誠意二而一，一而二，先後之者，畢竟學問
　　思辨應在篤行之先也。若劈頭就說個誠意，則學問工夫一總無用處

〔註60〕據全書卷三十六，大學古文參疑中所論。
〔註61〕見全書卷十學言上，頁612。
〔註62〕據牟宗三從陸象山到劉蕺山一書，頁474。
〔註63〕見全書卷十學言上，頁611。
〔註64〕見全書卷四十年譜下，頁3699。

矣。〔註65〕

及格致誠其意本後，正、修、齊、治、平五者意之末，亦一以貫之矣。故曰誠意貫六目，語云：

> 物有本末，惟意該之；事有終始，惟誠意一關該之。物有本末，然不可分本末爲兩物，故曰其爲物不二。終始雖兩事，只是一事，故曰誠者物之終始。〔註66〕

物之本意，與物之末天下家國身心中，心意屬超越層，天下家國身屬經驗層，但只是終始一事。〔註67〕

破松杏、寧錦，及流寇破歸德進圍開封，乃暫次淮安，於六目中著治念說一篇，發明念有起滅，思無起滅之說。而治念者，與思之權而不干之浮氣，以化念歸思也。〔註68〕此思即意也，治念說區別意、念，爲蕺山誠意教對治經驗存有之重要論據。若空談先天本體，而置人事於不聞不問，則誠意教亦同王門末流，只是虛無之話題，如何拯救虛弊之時代？蕺山承其一生篤實誠敬工夫，際此兵災頻仍著此治念一說，以完滿落實其誠意學說，實其成學之一關鑑步驟也。

蕺山以意屬超越層，爲心之所存，非所發，已異前說。則其論念屬經驗層者，自異前說夷意爲念同屬經驗層之說。故評前儒論意爲己發，異其誠意教者云：

> 程子云：凡言心者皆指已發而言。是以念爲心也。朱子云：意者心之所發，是以念爲意也。又以獨知偏屬之動，是以念爲知也。陽明子以格去物欲爲格物，是以念爲物也。故佛氏一切掃除，專以死念爲工夫，及其有得，又以念起念滅爲妙用。總之未明大道，非認賊作子，則認子作賊。〔註69〕

蕺山以不明意爲主宰，而逐物爲主者，斥爲認賊作子，以子爲賊，明示其緊斂向內之學說特色。年六十八著證學雜解之第二十五解，即云：

> 司世教者又起而言誠意之學，直以大學還大學耳。爭之者曰：意稊種也，予曰嘉穀。又曰意枝族也，予曰根核。是故知本所以知至也，

〔註65〕見全書卷三十六，大學古文參疑，頁3308。
〔註66〕見全書卷十二學言下存疑雜著，頁740。
〔註67〕見全書卷四十年譜下，頁3630。
〔註68〕據全書卷四十年譜六十五歲事。
〔註69〕見全書卷十一學言中，頁661。

知至所以知止也。今之賊道者，非不知之患，而不致之患，不失之
情識，則失之玄虛，皆坐不誠之病，而求之於意根者疏也。〔註70〕

蕺山秉其收攝本體工夫為一之誠意教，為對治人生現實存有之經驗世界，乃
名之曰念，以為區分，所謂「念有起滅，意無起滅」。〔註71〕如此以意為心主
無所發，而念為意所發動，則意定向自覺之好惡，亦異於念者矣。故曰：

意之好惡，與起念之好惡不同。意之好惡，一機而互見。起念之好
惡。兩在而異情。以念為意，何啻千里？〔註72〕

一機互見，兩在異情為蕺山分別意念之重點。蕺山既以意為道德根源，為心
所存主，具價值判斷自我定向之能力。然意雖與時運行，以好善惡惡，但不
涉及所好所惡之具體內容，故是一機。而與時運行，則當好好之，當惡惡
之，故曰互見也。蓋意之好惡，隨感而應，當好則好之，當惡則惡之，既好
惡之，則心亦無事。及有好惡，亦只將意之好惡如如地呈現，不加私毫造
作，以誠其意之當好或當惡。則當機之好惡只一意，應事之或好或惡乃隨意
而見，故曰意之好惡一機而互見也。又念乃經驗世界中活動之具體意念，此
念或純或雜，或善或惡，皆已發層面，非心所存主，不具善惡定向能力。故
其旋起旋滅，無可把捉，當念未起，私意或已蘊於心，發自不正；當念既
起，既無執著定向為善為惡便乏依據，所為善惡者非真善惡者矣；及念既
滅，本既無主，亦無所歸矣。則此所發之念之好惡，或好或惡，雖一事而無
定準。具念具體，故好此便不能好彼，惡彼便不能惡此，念念逐物，念念分
立，善無著落，惡亦不去，善惡兩在而分立，故曰念之好惡兩在而異情也。

意念既別，則如何對治此經驗存有、無有定向、非真善惡之人為欲念，
使歸於心所存主、善惡根源之意中。其治念說云嘗先以無念治之。其無念說
錄如下：

予嘗有無念之說以示學者。或者曰念不可無也。何以故？凡人之欲
為善而必果，欲為不善而必不果，皆念也。此而可無乎？曰為善而
取辨於動念之間，則已入於偽，何善之果為？〔註73〕

所謂無念，乃去經驗層面就超越之自覺層面言。故以於動念間求善，仍屬經
驗層之意念活動，非屬超越層之自覺即獨體、意體之活動。則求善只在外逐

〔註70〕見全書卷六證學雜解，頁441。
〔註71〕見全書卷九，答董生心意十問，頁541。
〔註72〕見全書卷十一學言中，頁646。
〔註73〕見全書卷八，治念說，頁505。

無定之念上求善，非立定超越意根上，自乏自覺定向好惡等功能，一切爲善只是表面工夫，故曰僞也。同時念乃經驗界之具體活動者，旋起旋滅，流失無定，故無可於念上爲善或去惡，否則舉善念以爲善，及善念消退，即可不爲善乎？故不若用功夫於能定向善惡之自我中，欲爲善但爲之即善也。其下續云此義曰：

> 然則爲善去惡奈何？曰：欲爲善，則爲之而已矣，不必舉念以爲之也。欲去惡，則去之而已矣，不必舉念以去之也。舉念以爲善；念已爲，如善何？舉念以不爲惡；念已爲，如惡何？〔註74〕

此蕺山無念之說，然意根於穆不已地運行以實現其道德性，而念亦生生不已地雜揉萬端，眼前當注重者在以道德性貫穿現實存在，如何對治形氣之私，氣質乘權，工夫宜在經驗界之實踐上，若強使人端絕念頭，無乃自欺迫人矣。故蕺山本其用功意根之誠意教，提出化念歸思一旨，以對治現實存有之經驗世界。治念說續云：

> 然則不思善，不思惡乎？曰：思者，心之官也。思則得之，得無所得，此謂思善；不思而得，失無所失，此謂至善。佛氏之言，似之而非者也。吾病其以念爲思也。然則念與思何別？曰念有起滅，思無起滅也。愼思者、化念歸思；周念者，轉引思以歸念，毫釐之差，千里之謬也。〔註75〕

蕺山首以思爲無起滅，即不思而得，思無所思之超越至善之自覺，謂之心之官。則心、思同屬超越層，工夫當用於此，而非起滅無定之念上，故曰化念歸思。學言亦云：

> 心、意、知、物是一路，不知此外何以又容一念字？今心爲念，蓋心之餘氣也；餘氣也者，動氣也，動而遠乎天，故念起念滅，爲厥心病，還爲意病、爲知病、爲物病。故念有善惡，而物即與之爲善惡；物本無善惡也。故聖人化念歸心。〔註76〕

蓋人本一氣質存在，其經驗意識諸般起滅之活動即念，即心之餘氣，心之動氣。而此動而愈動愈遠之念，所受氣質障蔽亦愈深，終遠離天理也，故爲心意知物超越一路之病。若能格致以誠意，化此經驗界之念，重新彰顯超越之

〔註74〕同註76。
〔註75〕同註76。
〔註76〕見全書卷十一學言中，頁655。

主宰意根，因意蘊於心，知藏於意，使心意知物一起彰顯其主宰性後，則經驗界之修齊治平諸事諸念，雖仍流逝無定，卻念念順應呈現道德根源之意根。故但隨時與思以權，與時俱化，不必於屏念起念處用工夫，即化念歸心歸思歸意之謂也。蕺山即以此意收束成就其誠意教之化念說也，〔註77〕說續云：

> 然則念可屏乎？曰：不可屏也。當是事，有是心，而念隨焉，即思之警發地也。與時而舉，即與時而化矣。夫學所以治念也。與思以權，而不干之以浮氣，則化念歸思矣。化念歸思，學之至也。〔註78〕

第三節　太極說

崇禎十年，蕺山年六十，時方革職為民在家，時與吳執御、葉廷秀、金鉉等縉紳諸生論學。嘗辯解太極，以為周子所謂無極而太極者，其無極為乃有極之轉語，所謂太極本無極者，恐人執極於有故也。〔註79〕因曰「一奇即太極之象，因而偶之，即陰陽兩儀之象，兩儀立而太極即隱於陰陽之中」而太極即萬物之總名。故論曰：

> 道理皆從形氣而立。離形無所謂道。離氣無所謂理。天者，萬物之總名，非與物為君也。道者萬器之總名，非與器為體也。性者萬形之總名，非與形為偶也。〔註80〕

蕺山本濂溪太極宗旨，發揮其太極統萬物之學，即以氣為理之根本。形下存有皆氣也，而理乃超越的存在之理，因形氣而立，若離氣則無所謂理。知蕺山之氣指經驗世界存有之代稱；而理乃超越的主宰，即超越的性，所謂「性即理也，理無往而不在，則性亦無往而不在」。〔註81〕如此即氣言理，乃就形下存有事物指點其形上超越之主宰，實為其攝工夫於本體，攝經驗世界於超越主宰之誠意慎獨說之同源發展也。其釋存有為氣曰：

> 盈天地間，一氣而已矣。有氣斯有數，有數斯有象，有象斯有名，有名斯有物，有物斯有性，有性斯有道。故道其後啟也，而求道者輒求之未始有氣之先，以為道生氣；則道亦何物也，而能遂生氣乎？

〔註77〕據牟宗三從陸象山到劉蕺山一書，頁 514，及勞思光中國哲學史卷三下，頁591。
〔註78〕同註76。
〔註79〕據全書卷四十年譜上，頁 3613 事。
〔註80〕見全書卷三十九黃宗羲撰行狀，頁 3470。
〔註81〕見全書卷十三會錄，頁 804。

〔註82〕

故氣乃天地萬有者，理即寓氣中，而當形氣自無之有時，理雖有實無，當形氣自有之無時，理雖無而實有，而此即無即有者，乃太極也。此萬有太極。即氣立理之性質，蕺山又嘗以道、器釋之：

> 子曰形而上者謂之道，形而下者謂之器。程子曰上下二字，截得道器最分明。又曰道即器，器即道，畢竟器在斯，道亦在斯。離器而道不可見。故道器可以上下言，不可以先後言。〔註83〕

如此理氣道器形上形下絪合爲一，乃其誠意愼獨攝用歸體特色之表現，非上下前後不分之混說也。體即理，不可見屬超越層；用即氣，可見屬經驗層。而理自氣中顯發，離氣無理，無無理有氣時。自然無用非體，亦無體非用，乃即體即用，體用一源之誠意教也。故於年六十五答葉潤山三書，即曰：

> 此理流行心目之前，無用非體，無體非用。蓋自其可見者而言謂之用。自其不可見者而言則謂之體，非截然有兩事也。日用之間，持而循之，便是下學反身之地。嘿而成之，即是悟機，此所謂即學即達，非別有一不可思議之境界也。惟其無微非顯，是以無體非用；惟其顯微無間，是以體用一源。〔註84〕

離氣即無理，推進一步，蕺山復言離心無性。蓋「性者，心之理也。心以氣言，而性其條理也，雖謂氣即性，性即氣，猶二之也。」〔註85〕又曰「形而下者謂之氣，形而上者謂之性，故曰「性即氣，氣即性。人性上不可添一物，學者姑就形下處討個主宰，則形上之理即此而在」。〔註86〕此心以氣言，性其條理，性亦屬超越層性即理也。則性即氣，指理寓氣；氣即性，指氣合理。此氣雖爲現實存有，復具有此超越主宰之理，故即事而理存焉，即心而理亦在。如此離氣無理，離心無性，形上形下打合一處，分則物物一太極，合則統體一太極，此蕺山太極爲萬物總名之旨也。故其年六十五著原性，有云：

> 夫心，囿於形者也，形而上者謂之道，形而下者謂之器也。上與下一體而兩分，而性踞於形骸之表，則己分有常尊矣。故將自其分者而觀之，燦然四端，物物一太極。又將自其合者而觀之，渾然一

〔註82〕見全書卷十一學言中，頁636。
〔註83〕見全書卷十一學言中，頁641。
〔註84〕見全書卷十九答葉潤山三，頁1401。
〔註85〕見全書卷十九，復沈石臣進士，頁1392。
〔註86〕見全書卷六，證學雜解解十五，頁426。

理，統體一太極。〔註87〕

理氣心性渾然一體而不分，故理即是氣之理，不在氣之先後；而道心即人心之本心，義理之性即氣質之性。蓋性即理，理即氣質之理，故理在氣質之中，性於心上透顯，性不離氣質，不可離心言性，離理見性。故又進而攝形下氣質於形上性理中，故曰：

> 凡言性者，指氣質而言也。或曰：有氣質之性，有義理之性，亦非
> 也。盈天地間止有氣質之性，更無義理之性。如曰氣質之理即是，
> 豈可曰義理之理乎？〔註88〕

此就性理之超越義論，而謂氣質本即超越之理。然人生氣質本雜揉輕重不同，則順性呈現之義理多寡亦不同。此種經驗層之氣質之性，可賴後天修爲上達先天本性，如此蕺山學說方有著落。故謂「形而後有氣質之性，善反之，而天地之性存焉」。〔註89〕蕺山即縮而形上形下，即經驗層指點超越根據，乃有即氣言理，即氣質言性理說，其論道心人心者亦同此立論。其云：

> 心只是人心，而道者人之所當然，乃所以爲心也。人心道心，只是
> 一心。〔註90〕

心指經驗當行爲發動言，道指行爲發動之超越根據言。故離卻人心，別無道心，道心由人心而發顯；無此道心，亦無人心，人心依道顯發方是人心也。則道生於心，心立而人成，萬物一太極矣。其原道上篇即云：

> 道其生於心乎！是謂道心，此道體之最眞也。立人之道，仁與義是也。
> 仁義其道之門乎！仁其體也，義其用也。一體一用立，而易行乎其間
> 矣。上而際謂之天，下而蟠謂之地，中而蕃殖謂之物。類而推之，莫
> 非道也；約而反之，莫非心也；踐而實之，所以成人也。〔註91〕

蕺山即在其意根最微，誠體本天，即體即用，攝形下存有於形上主宰之誠意愼獨教之立場，將理氣心性氣質義理之超越、經驗層面一拼打合，以爲道理乃形器之總名，非形器外別有道理，即統體萬物只一太極也。故年譜記其於年六十發揮太極一理後，引學言爲之結曰：

> 道理皆從形氣而立。理即是氣之理，斷然不在氣先，不在氣外。知

〔註87〕見全書卷七，原性，頁446。
〔註88〕見全書卷十一學言中，頁658。
〔註89〕見全書卷三，五子連珠，頁286。
〔註90〕見全書卷八讀書說，頁479。
〔註91〕見全書卷七，原性，頁447。

此則知道心即人心之本心；義理之性，即氣質之本性。千古支離之說，可以盡掃，而學者從事於入道之路，高之不墮於虛無，卑之不淪於象數，道術始歸於一乎？〔註92〕

第四節　良知說

　　蕺山中年雖契陽明之學，然自始對陽明無善無惡心之體一語，疑爲虛無所從出。及年五十九著獨證篇，發明意爲心所存，非所發；意本有善無惡，具好善惡惡定向能力之誠意教後，乃轉疑四句教中有善有惡意之動一語。年六十一，刪定陽明傳信錄，即以有善無惡之意駁天泉證道四無之說。〔註93〕至年六十六作良知說，以有善有惡後知善知惡，是知爲意奴；本無善無惡又知善知惡，是知爲心崇，故謂陽明將「意字認壞；知字認粗」。〔註94〕此期間道常辯論誠意教與良知教之異同。即黃宗羲行狀所述「終而辨難，不遺餘力」。〔註95〕之始疑中信晚辨難者也。蕺山一生學問成學於進出王門中，至此自我立誠意教，雖於意，知二字定義異於陽明。然其本體之意根，原可含攝良知；且意亦能該攝良知好善惡惡之功能，故誠意教實可攝良知教，而蕺山學說亦大抵完成圓熟矣。

　　蕺山即以意爲心之所存，爲道德根源至善所棲止地，具好善惡惡自覺定向之能力，屬之根源義。然陽明有善有惡意之動之意，乃指經驗界之具體意念說之；蓋陽明以主宰性，自覺定向能力等歸之良知，而良知乃心之體，屬絕對境界至善之根源，不得以相對象說之，故云無善無惡心之體，明良知爲道德根源義。及其發用，好善惡惡即其自覺定向之能力。而人心發用，非善即惡此乃經驗界道德之必然性，故云有善有惡意之動。則陽明意之動即蕺山之念，同屬經驗層；陽明以良知具自覺定向好善惡惡之功能，及知善知惡之本體性，等同蕺山主宰自覺之意；蕺山又以陽明良知只能知善知惡，所謂將知字認粗也，故將好善惡惡屬之良知，不知陽明良知本有此義也。〔註96〕故由立意之別，蕺山晚年遂轉攻陽明「有善有惡意之動」一語矣，其謂：

〔註92〕見全書卷四十年譜上，頁3614。
〔註93〕據全書卷四十年譜六十一歲事。
〔註94〕見全書卷八，良知說，頁508。
〔註95〕見全書卷三十九行狀，頁3472。
〔註96〕據勞思光中國哲學史卷三下，頁586。

> 意為心之所存，則至靜者莫如意。乃陽明子曰：有善有惡者意之
> 動，何也？意無所謂善惡，但好善惡惡而已。〔註97〕

此明以好善惡惡定向功能屬意，不屬良知，故以為良知僅具知善知惡之用。
故去四句教之無善無惡心之體，有善有惡者意之動，為善去惡是格物三句，
僅餘知善知惡是良知一語，乃另立四句教，於年五十九學言中云：

> 有善有惡者心之動，好善惡惡者意之靜，知善知惡者是良知，為善
> 去惡者是物則。〔註98〕

此心乃經驗之心，故動有善有惡，即駁陽明將意夷為念者，所謂「念近意，
識近知。以識為知，賴王門判定，以念為意。錮日甚焉」。〔註99〕「文成本之
曰：大學之道，誠意而已矣！極是！乃他日解格致，則有意在乎事親等語，
是亦以念為意」。〔註100〕此先駁陽明夷意為念，復肯定意之有善無惡，蓋好惡
之功能若屬於意念，則好惡主宰亦為經驗界之心，非道德根源之至善矣。故
曰：「若意是有善有惡之意，則心亦是有善有惡之心，知亦是有善有惡之知，
並物亦是有善有惡之物，卻又如何得一一反之無？竊一自附於龍溪先生之
旨，非敢為倡也，一則不欲說粗意字。」〔註101〕

　　蕺山既肯定好善惡惡屬意，而良知僅知善知惡便有病弊出焉。因意之生
皆有善有惡，則致良知僅能事後檢點，不如蕺山誠意教用功於未發之意體，
故評致良知與大學誠意本旨不合，語云：

> 乃陽明宛轉歸到致良知為大學宗旨。大抵以誠意為主意，以致良知
> 為工夫之則。蓋曰：誠意無工夫，工夫只在致知，以合於明善是誠
> 身工夫，博文是約禮工夫，惟精是惟一工夫之說，豈不直截簡要，
> 乃質之誠意本傳，終不打合。〔註102〕

蕺山以己說誠意立場，評陽明非大學本旨，固非陽明本意。同時只以知善惡
屬良知，而以意收攝此知善知惡之良知，故亦將致知收入誠意中，而續云：

> 及考之修身章，好而知其惡，惡而知其美，只此便是良知。然則致
> 知工夫不是另一項，仍只就誠意中看出。如離卻意根一步，亦更無

〔註97〕見全書卷十學言上，頁613。
〔註98〕見全書卷十學言上，頁614。
〔註99〕見全書卷十二學言下存疑雜著，頁711。
〔註100〕見全書卷十一學言中，頁665。
〔註101〕見全書卷十九，答史子虛，頁1410。
〔註102〕見全書卷十二學言下存疑雜著，頁699。

致知可言。〔註103〕

蕺山以意可好善惡惡，則好惡定向以知善知惡之知，亦屬之意。此所謂知善知惡是良知也，故論知意一事曰：

> 予嘗謂好善惡惡是良知，舍好善惡惡，別無所謂知善知惡者。好即是知好，惡即是知惡，非謂既知了善，方去好善；既知了惡，方去惡惡。審如此，亦安見其所謂良者。乃知知之與意只是一合相，分不得精粗動靜精粗動靜。〔註104〕

本以好善惡惡屬意，而此曰舍好善惡惡無知善知惡，即明謂離意無知。知意一事，則致知即誠之謂也。故曰：

> 明善之善，不外一誠，明之所以誠之也。致知之知，不離此意，致知所以誠之也。本體工夫，委是打合。〔註105〕

蕺山復就意即是知論曰「自欺云者，自欺本心之知也。本心之知，善必知好，惡必知惡。若不能好惡，即屬自欺，此正是知不致處」。〔註106〕能好惡之心知即意，不能好惡即自欺此意也。而意乃至善能好惡，意即知之內容，知即是意也。則意能好惡亦可知善知惡，誠意慎獨乃致良知矣。故謂：

> 陽明反之曰：慎獨即是致良知，即知即行，即動即靜，庶幾心學獨窺一源。〔註107〕

蕺山如此將知善知惡之良知，合與好善惡惡之意根獨體，揉合成其獨特之誠「意」說，故評陽明有善有惡意之動者不能知善知惡為知意兩分，竟生半個小人之病：

> 今云有善有惡意之動，善惡雜揉，向何處討歸宿？抑豈大學知本之謂乎？如謂誠意即誠其有善有惡之意，誠其有善，固可斷然為君子。誠其有惡，豈不斷然為小人？吾不意良知既致之後，只落得做半個小人。〔註108〕

蕺山以意具好善惡惡，知善知惡，知意合一之能力，而以為陽明良知僅可知善知惡地認識，而不能好善惡惡地判別。蓋因蕺山以意攝知，故意體之外別

〔註103〕同註105，頁700。
〔註104〕同註105。
〔註105〕見全書卷十二學言下存疑雜著，頁715。
〔註106〕見全書卷三十七，大學古記，頁3329。
〔註107〕見全書卷三十八，大學古記約義，頁3363。
〔註108〕見全書卷十二學言下存疑雜著，頁703。

無知體，則蕺山眼中乏知體之良知，即永不能成德矣。其因便在以為陽明知意兩分而無涉也。其云：

> 有善有惡意之動，知善知惡是良知二語決不能相入，則知與意分明是兩事矣。將意先動而知隨之邪？抑知先主而意隨之邪？如意先動而知隨之，則知落後著，不得為良，如知先主而意繼之，則離照之下，安得更留鬼魅？若或驅意於心之外，獨以知與心，則法惟有除意，不誠意矣。〔註109〕

意發而知隨之，便落後著者。乃蕺山評陽明重點所在，緣於蕺山以知善知惡之良知，不足表自覺定向之主宰性，故以陽明良知為知用而非知體，所謂「大學言明德，不必更言良知，知無不良，即就明德中看出。陽明特指點出來，蓋就工夫參本體耳，非全以本體言也」。〔註110〕知本超越，然用即體，良知實具本體義。然蕺山誠意說，以意為體知非體，故以大學致知之知非本體，而亦不許就知體言良知，其年六十六著良知說即云：

> 大學所謂致知，亦只是致其知止之知。知止之知，即知先之知，知先之知，即知本之知。惟其知止知先知本也，則謂之良知，亦得知在止中，良因止見。故言知止，則不必更言良知。若曰以良知之知知止，又以良知之知知先而知本，豈不架屋疊床之甚乎？〔註111〕

既以陽明良知不具本體義，知亦非善惡根源，僅為事後之察照，故為第二義而究竟義矣。良知說又云：

> 良知亦非究竟義也。知在善惡外，第取分別見，謂之良知所發則可，而已落第二義矣。且所謂知善知惡蓋從有善有惡而言者也。因有善有惡而後知善知惡是知為意奴也。〔註112〕

蕺山以立說之不同，駁陽明意動之說。然陽明言良知本具知善知惡、好善惡惡二義，所謂「良知只是個是非之心，是非只是個好惡。只好惡就盡了是非，只是非就盡了萬事萬變」。〔註113〕故良知原具知能與好惡之超越二義。然就體用言，則良知為體，知能好惡為用矣。故綜言二者，即體言，意根良知皆屬本體超越層，為道德根源；即用言，意具好惡定向及認知之能力，而良

〔註109〕同註111。
〔註110〕見全書卷十學言上，頁594。
〔註111〕見全書卷八，良知說，頁508。
〔註112〕同註114，頁507。
〔註113〕見王陽明全書卷三，傳習錄下。

知之知亦不逐物而遷，可超乎所知之上而化惡爲善。故說誠意與說良知，二者地位層次實相等。則蕺山知藏於意之誠意說，以化念還心者，即等同陽明致其主宰好惡之良知，以誠其意念者也。知二者學說理論，實可相攝消融也。

誠意教與良知教即可相攝消融，而蕺山仍時駁良知虛玄，知爲意奴者。蓋緣其一生皆在對治王門末流中成學，故總通過王門末流之弊觀陽明。其始疑近禪，中信近道，至晚辯難者，即因一以信道，故合己之愼獨立說，走上心性一路；一疑近禪，故持誠敬工夫，以落實其心性本體，乃成其即本體用工夫之誠意愼獨學。故自心性一路觀之，知行合一之良知教與即體用功之誠意教實可相攝互融；自辯難近禪一路觀之，蓋其立說本爲對治王門末流而設，總認王學有弊，故終生駁斥不遺餘力。惟只不自知所駁者，實即於理論上同於己學。而此中之轉換形成，即於蕺山一生成學過程，可明白看出者也。

第四章 結 論

　　崇禎十五年，蕺山以救言官姜埰、熊開元事，三度奉旨革職。次年，年六十六，暫止都門外接待寺著讀易圖說。蓋先是曾著人極圖說，以明聖學之要，因得易道焉。復述圖十二，易衍四十二章，以補前說所未盡者。〔註1〕年底復書存疑雜著，乃其生平所見，與先儒一一牴牾者，晚年乃信筆直書，姑存疑案，仍不越誠意、已未發、氣質義理之性、無極太極等說，乃斷言學問只有一個工夫，分內外動靜皆支離也。〔註2〕及崇禎十七年，李自成陷京師，崇禎自縊，蕺山與于穎、章正辰、熊汝霖等誓師討賊未果。後福王監國南京，然與馬士英、阮大鋮不合，乃疏辭之，並停止門人問學。次年，三度改訂人譜，〔註3〕為其一生學說之實踐也。及潞王降，乃絕食卒。此蕺山殉國前二年事，中之讀易圖說、易衍、存疑雜著可明其學說歸結所在，而人譜，乃其問學求道有得示做人之方者，為其學說之踏實落腳處，知非空談也。此章即以其學說特色，實踐二端明其學問總結所在。

第一節 學說特色

　　蕺山異前人說，而以太極為萬物形器之總名，而道理便從形氣而立。故以理氣不分，人心道心是一，將形上、經驗世界打合為一太極。亦即宇宙生化體用之間，其生生之易者，收歸於人心，故即天即人也。讀易圖說即申此義，其序云：

〔註1〕參全書卷四十年譜，頁3660。
〔註2〕據全書卷四十年譜，頁3666事。
〔註3〕據全書卷四十年譜六十七歲，頁3696，及六十八歲，頁3699事。

> 余嘗著人極圖說,以明聖學之要,因而得易道焉。盈天地間皆易
> 也,盈天地間之易皆人也。人外無易故人外無極。人極立而天之所
> 以爲天,此易此極也,地之所以爲地,此易此極也。易有太極,三
> 極一極也。人之所以爲人,心之所以爲心也。〔註4〕

此人外無易,人外無極,即心外無理,人心即道心之意,如此盈天地皆人
心,則即形上即存有,即本體用工夫,如此天、地、人三極只一太極也,蕺
山學說緊斂特色顯矣。其圖說之圖每云「人心妙有之象」、「人心六合一體之
象」、「人心萬古無窮之象」,皆示宇宙生化萬有盡在人心中,若天道地道人
道,方圓常變,皆人心妙有之象。而生生造化之理,相推不窮,若草木榮
枯,四時變移,萬有生化過程,亦攝於心中。所謂「人心六十四、三百八十
四爻之象」。〔註5〕即攝形上主觀世界及客觀存有世界於一心中。

如此合萬有於一心,正陽明心性論一路之分歧發展,〔註6〕而爲蕺山學說
內外緊斂爲一之特色也。蕺山論學歸本慎獨誠意,而以心宗性宗爲其學說綱
領。易衍第七章云:

> 君子仰觀於天而得先天之易焉。維天之命,於穆不已。是故君子戒
> 慎乎其所不睹,恐懼乎其所不聞,此慎獨之說也。蓋曰心之所以爲
> 心也,則心一天也。獨體不息之中而一元常運,喜怒哀樂四氣周
> 流。存此之謂中,發此之謂和。故中爲天下之大本,而和爲天下之
> 達道。至隱至微,至顯至見也。故曰體用一原,顯微無間,君子所
> 以必慎此獨也。此性宗也。〔註7〕

性宗者爲其固有本然如此,不假外鑠,屬超越之自覺。故自戒懼於不睹不聞
之獨時,以客觀地呈現此性體者,即是天,即是道。而喜怒哀樂四氣周流,
即客觀地呈現其本然如此者,故自先天之易言性體。而此先天超絕客觀之性
體,亦是超越地創生萬物者,故曰「獨體不息中而一元常運」也。存發中
和,亦順此性宗而來之自然中和也。

> 君子俯察於地而得後天之易焉。夫性本天者也,心本人者也。天非
> 人不盡,性非心不體也。心也者覺而已矣。覺故能照。照心常寂而
> 常感。七者皆照心所發也,而發則馳矣,眾人溺焉。惟君子時發而

〔註4〕見全書卷二讀易圖說自序,頁191。
〔註5〕見全書卷二讀易圖說,頁212。
〔註6〕據勞思光中國哲學史卷三下,頁617。
〔註7〕見全書卷二易衍,頁216。

　　時止，時返照其心而不逐於感，得易之逆數焉。此之謂後天而奉天
　　時，蓋慎獨之實功也。〔註8〕

此為易衍第八章，言心宗之慎獨者。心宗者，本乎人之自覺活動，主觀地反
顯其超越之意根獨體者。而性體即在心體自覺活動中彰顯出來。故性體是本
然如此，而心體則表現人能也。由後天之易言心宗，蓋指心之自覺活動，依
形體之完成始彰其用；然其好善惡惡之意，知善知惡之知本身仍屬超越形
上，非以後天而落於經驗層。故謂「性本天者，心本人者。天非人不盡，性
非心不體」如此性體雖本天，然必在心體中始得彰顯，心體亦即彰顯性體之
能。則心即性，性即心，心性不可以分合言，只主客之別耳。

　　而此由後天之易言之心體，即是意根獨體之「照心常寂而常感之心」。順
此具好善惡惡之意、知善知惡之知之心體而發，七情自然合理中規。然人為
感性層次，七情發動不免於馳而溺之。蕺山於此後天發馳之病，即以其具好
惡、知是非之超越心體，即誠意慎獨工夫克治，使所發人欲，得逆轉不逐於
外矣。故曰「惟君子時發而時止，時返其照心而不逐於感，蓋慎獨之實功」。
蕺山就先天言性體，後天言心體，只是權說，非分心為二也。其獨證篇即
云：

　　性情之德，有即心而見者，有離心而見者。即心而言，則寂然不
　　動，感而遂通，當喜則喜，當怒則怒，當樂則樂。由中導和，有前
　　後際，而實非判然分為二時。離心而言，則維天於穆，一氣流行，
　　自喜而樂，自樂而怒，自怒而哀，自哀而復喜。由中導和，有顯微
　　際，而亦非截然分為兩在。然即心離心，總見此心之妙，而心之與
　　性，不可以分合言也。〔註9〕

其即心言者，即主觀之自我活動之心體，而性體即自此彰顯其本然如此之超
絕客觀，並不流蕩走失，故寂然不動，感而遂通，喜怒合理也。則心是性之
主觀性，即存有即活動也。離心而言者，即客觀之超越自覺之性體，而心體
即於自覺活動中，彰顯出性體。而此具好惡定向之意知之心體，雖活動而不
逐物，故維天於穆，一氣流行，喜怒順性相生不已。則性是心之客觀性，即
活動即存有也。

　　如此心就客觀言是性，性就主觀言是心，心性實只一事而不可以分合

〔註8〕見全書卷八易衍，頁217。
〔註9〕見全書卷十一學言中，頁649。

言，故云：

> 大學言心到極至處，便是盡性之功，故其要歸之慎獨。中庸言性到
> 極至處，只是盡心之功，故其要亦歸之慎獨。〔註10〕

如此心即是性，即主觀即客觀；性即是心，即客觀即主觀。心性原是一事，
總歸在具好善惡惡之意及知善知惡之知者之意根獨體上。唯此能好善惡、知
善惡之意根獨體，就主觀言，是能意知自覺之心體；就客觀言，是超自覺地
能彰顯意知之心之性體也。〔註11〕

蕺山自意爲心存及知藏於意之誠意慎獨學中，指點出心宗性宗，而有先
天之易後天之易。然心性不分言，故先後天亦只一易，只一太極。而人即天
即地，萬有一太極，此蕺山即體用功，打合本體存有爲一，收斂緊密之誠意
慎獨學之特色所在也。

故年六十六著存疑雜著，錄其學與先儒異者，即斷言曰「從來學問只有
一個工夫，凡分內分外，分動分靜，說有說無，劈成兩下，總屬支離。夫道
一而已矣」。〔註12〕故將先儒分言之心性、性情、人欲天理、人心道心、氣質
義理之性、靜爲未發動而已發、聞見德行之知，莫不歸之於一也。〔註13〕黃
宗羲於行狀中述蕺山學旨，亦明其特色，其說可爲此節作結，語云：

> 先生宗旨爲慎獨，始從主敬入門，中年專用慎獨工夫。慎則敬，敬
> 則誠，晚年愈精微愈平實。本體只是些子，工夫只是些子，仍不分
> 此爲本體，彼爲工夫，亦並無這些子可指，合於無聲無臭之本然。
> 從嚴毅清苦中，發爲光風霽月。消息動靜，步步實歷而見。故發先
> 儒之所未發者，其大端有四：一曰靜存之外無動察；一曰意爲心之
> 所存非所發；一曰已發未發以表裏對待言，不以前後際言；太極爲
> 萬物之總名。〔註14〕

第二節　學說實踐：人譜

蕺山嘗著人譜，以明其誠意慎獨學之實踐路程，由意根獨體至五倫百

〔註10〕見全書卷十學言上，頁 612。
〔註11〕據牟宗三從陸象山到劉蕺山，頁 489。
〔註12〕同註2。
〔註13〕據年譜，頁 3667 案語。
〔註14〕見全書卷三十九行狀，頁 3465。

行，皆系統地含攝於人譜一書中。而儒家道德意識之內聖之學，成德之教，自曾子講求守約愼獨，復經宋明諸儒之推展，至蕺山之人譜可謂具體完備矣。人譜之作，凡數加增刪，至絕命前仍予修訂，故可視爲蕺山工夫理論之定說。

　　人譜初作於蕺山五十七歲以愼獨主靜主說期，其時有袁了凡著功過格，以爲人善惡行爲可如事件計算，行善有功，爲惡是過；有功積善久之，自能榮華富貴。爲惡積過久之，便遭凶事災殃。同時善惡可互抵消，並驗以己身轉移之報。蕺山以爲事涉佛老，惑人以功利，非儒學聖道書，其人譜自序即云：

> 袁了凡功過格者，予以爲病於道也。今之言道者，高之或淪於虛無，以爲語性而非性也。卑之或出於功利，以爲語命而非命也。非性非命非人也，而功利之惑人爲甚。特本證人之意，著人極圖說以示學者。言過不言功，以遠利也。〔註15〕

知蕺山反功過格以功利惑人。而先時秦履思曾仿之著遷改格，以爲善惡可銷折，功過可計分。書以善與過對舉，一理性情，二敦倫紀，三坊流俗，四廣利濟。蕺山見而斥爲害道之書也。其云：

> 百善五十善，書之無消煞處，不如已之。紀過則無善可稱，無過即是善。若雙行便有不通處，愚意但欲以改過爲善。今善惡並書，但準多少以爲銷折，則過終無改時，而善之所列亦與過同歸而已。有過非過也，過而不改是謂過矣。有善非善也，有意爲善亦過也。此處頭路不清，未有不入於邪者。至於過之分數，亦屬穿鑿，理無大小多寡故也。〔註16〕

蓋意根獨體自具好善惡惡定向能力，故本體只是有善無惡，順承本體而發，便是道德行爲不須外求也。而人爲氣質雜感，本體蒙昧好惡乃偏，便須改過遷善，以復於獨體至善本然。故遷改格以善惡可互相抵銷者，則惡終究未能改掉，或有意爲善亦屬僞過，未若以改過爲善也。同時善只是本然如此，非爲求多善積分以邀福；且萬有統體一太極，扶老是本心發用是善，救世是本心發用亦是善。善無大小多寡之別，自不可以分數計之，若遷改格者終落功利惑人一路，故「因有感而著人譜」。〔註17〕

〔註15〕見全書卷一人譜自序，頁159。
〔註16〕見全書卷十九與履思九，頁1330。
〔註17〕據全書卷四十年譜，頁3586事。

　　蕺山乃仿濂溪太極圖及太極圖說，而作人極圖與人極圖說，將其意根至善之誠意慎獨學，落實於此圖中，以明其實踐工夫及鍛鍊成聖之歷程。以譜證成人之所以為人，即立人極之意也。故以人極圖與人極圖說為人譜正篇；證人要旨為人譜續篇一；紀過格、訟過法、改過說為人譜續篇二。並有人譜類記兩卷，據本文附以史事故實，以為中下根人，興發振奮之楷模，因其為蕺山子劉汋增補所成故不討論。四庫全書總目提要即云：

> 人譜一卷，人譜類記二卷。明劉宗周撰，姚江之學多言心，宗周懲其末流，故課之以實踐。是書乃本蕺山書院時，所述以授生徒者也。人譜一卷，首列人極圖說，次記過格，次改過說。人譜類記二卷，曰體獨篇、曰知幾篇、曰凝道篇、曰考旋篇、曰作聖篇。皆集古人嘉言善行，分類錄之，以為楷模。

人極圖云：

> 無善而至善，心之體也。君子存之，善莫積焉。小人去之，過莫加焉。吉凶悔吝，惟所感也。積善積不善，人禽之路也。知其不善以改於善，始於有善，終於無不善，其道至善。其要无咎，所以盡人之學也。〔註18〕

知蕺山以心體為超越善惡之絕對至善，即其誠意慎獨之意根獨體。獨體本天，即本體即工夫，工夫用在本體上，所發自是至善本體。落實地說，存此獨體為君子，去此獨體為小人，人禽立判。若能改過遷善，復返至善心體，便是无咎，便是立人也。可知人譜以意根獨體為其工夫理論之正面根據。然氣質習染之反面過惡，亦無處無之，如何消融？則人譜遷善改過之旨，便在正面地透過格致誠意，使心意知物能順適地一體呈現，又須隨時化解其反面之過惡，一歸於至善，此證人要旨所述也。而隨時據至善獨體檢查各過惡者，此紀過格之旨也。如此以正反兩面之實踐工夫證修成德者，蕺山為第一人也。下即證人要旨紀過格，釋其正反兩面工夫也。

　　證人要旨第一圖：無極而太極，則說「凜閒居以體獨」；於此說過，則曰「物先兆：微過獨知主之」。蓋獨乃至善超越心體，當閒居物不相感時，體此獨體便是工夫。然此至善心體，稍有偏離便是私意。然尚隱微未形，只獨知之，是謂微過。

　　第二圖：動而無動，則說「卜動念以知幾」；於此說過，則曰「動而有

動：隱過，七情主之」。此謂及外物來感，念必發動對應之，此時工夫便在本獨體以宰制，勿使念頭發散偏離。然若念動發散偏離，便在心體所發之七情上見出，故曰隱過。

第三圖：靜而無靜，則說「謹威儀以定命」；於此說過，則曰「靜而有靜：顯過，九容主之」。威儀屬形軀事，亦由內在於形軀之獨體主之。承體而發，威儀自然中規中矩，而工夫即用於動靜威儀之中。反之，此時七情已顯，表諸言行，九容不端，是爲顯過也。

第四圖：五行攸敘，則曰「敦大倫以凝道」；於此說過，則曰「五行不敘：大過，五倫主之」。形軀上推爲父母，下衍爲子女，旁及君臣朋友，五倫生焉。此時工夫便在體獨以敘五倫也。然若五倫不敘，其患大矣，故曰大過。

第五圖：物物太極，則曰「備百行以考旋」；於此說過，則曰「物物不極：叢過，百行主之」。此時五倫既敘，百行接踵，工夫便在本此獨體以對應百行也。此蕺山以物物一太極，而宇宙萬有統體亦一太極。故一行成，百行亦成也。反之物物未能體獨而行，則一行壞，百行壞，是爲叢過也。

第六圖：其要无咎，則曰「遷善改過以作聖」；於此說過，則曰「迷復：成過爲眾惡門，以克念終焉」。此總說前述諸項皆本至善超越獨體，能時遷時改，久而入於聖域，復歸於無極而太極，統體至善，克念作聖矣。反之，種種過惡，皆因迷散於獨體，叢過乃積成眾惡。過屬無心，惡屬有爲，過成眾惡，眞爲過矣。〔註19〕

此六項工夫正反相對，自形上之體獨知幾，至形下之定命凝道考旋，並推至人世極至。然人爲氣質所雜，不能無過，故工夫歸在遷善改過以作聖。又以遷善改過克治人生負面諸惡，故以克念終焉也。正反兼顧，先後有序工夫實踐理論可謂完備。然其工夫主落實於至善超越之意根獨體，故正面工夫用在閒居以體獨，此獨一體，心意知物一體呈現無遺；反面工夫亦用於獨體，所謂微過獨知主之，克此微過，諸過亦一齊並去。故即本體用工夫，實其一貫學旨也。人譜續篇二，改過說一即云：

> 是以君子慎防其微也。防微，則時時知過，時時改過。俄而授之隱過矣，當念過，便從當念改。又授之顯過矣，當身過，便從當身改。又授之大過矣，當境過，當境改。又授之叢過矣，隨事過，隨

〔註19〕據牟宗三從陸象山到劉蕺山，頁519。

事改。改之,則復於無過,可喜也。過而不改,是謂過矣。凡此皆
卻妄還眞之路,而工夫吃緊總在微處得力。〔註20〕

於微處即獨體用功,以克念工夫實踐學理,乃蕺山即本體即工夫之誠意愼獨學之特色。而崇禎殉國後一年,蕺山年六十八,於其絕命前一月,猶手自修訂之人譜,實其一生學問工夫之代表。蕺山成學至此,可謂至極矣。

〔註20〕見全書卷一人譜,改過説,頁 184。

參考書目

1. 《劉子全書四十卷》，劉宗周，華文書局據清道光十五年刊本影印。

2. 《劉子全書四十卷》，劉宗周，中研院館藏清嘉慶十七年陳默齋校刊本。

3. 《劉子全書遺編二十四卷》，劉宗周，台大館藏清道光三十年沈復粲刻本。

4. 《劉宗周年譜》，姚名達，商務印書館二十二年初版。

5. 《明史》，張廷玉等，鼎文書局六十九年三版。

6. 《東林例傳》，陳鼎，新文豐書局六十四年初版。

7. 《東林書院志》，高廷珍等輯，廣文書局五十七年初版。

8. 《宋元學案》，黃宗羲等，河洛出版社六十四年初版。

9. 《明儒學案》，黃宗羲，河洛出版社六十三年初版。

10. 《聖學宗傳》，周汝登，中圖館藏明萬曆三十三年東越王氏刊本。

11. 《理學宗傳》，孫奇逢，藝文印書館五十八年初版。

12. 《周張全書》，周敦頤、張載，中文出版社七十年初版。

13. 《二程全書》，程顥、程頤，中文出版社六十八年初版。

14. 《朱子語類》，朱熹撰黎德靖編，正中書局。

15. 《王陽明全書》，王守仁，正中書局四十二年台初版。

16. 《王龍溪語錄》，王畿，廣文書局六十六年再版。

17. 《近思錄》，朱熹，廣文書局六十六年再版。

18. 《傳習錄》，王守仁，商務印書館六十七年台五版。

19. 《盱壇直詮》，羅汝芳，廣文書局六十六年三版。

20. 《卜心齋記》，顧憲成，廣文書局六十四年初版。

21. 《涇皋藏稿》，顧憲成，商務印書館（影印四庫全書珍本八集）。

22. 《高子遺書》，高攀龍，環球書局，《乾坤正氣集》卷二五八至二六三，五十五年初版。

23. 《榕壇問業》，黃道周，廣文書局六十四年初版。

24. 《越縵堂日記》，李慈銘，中圖分館藏民九年刊本。

25. 《中國近三百年學術史》，錢穆，商務印書館六十九年台七版。

26. 《中國近三百年學史術》，梁啟超，中華書局六十七年台九版。

27. 《明代思想史》，容肇祖，台灣開明書局六十七年台五版。

28. 《宋明理學概述》，錢穆，學生書局六十六年版。

29. 《宋明理學》，吳康，華國出版社六十二年版。

30. 《理學概要》，程發軔，正中書局六十年初版。

31. 《中國哲學史》，馮友蘭。

32. 《中國哲學史》，勞思光，三民書局七十年增訂初版。

33. 《從陸象山到劉蕺山》，牟宗三，學生書局六十八年初版。

34. 《心體與性體》，牟宗三，正中書局五十七年初版。

35. 《中國哲學的特質》，牟宗三，學生書局六十七年四版。

36. 《中國學術思想大綱》，林尹，學生書局六十七年十三版。

37. 《宋明清理學體系論史》，黃公偉，幼獅書局六十年初版。

38. 《明清儒學家著述生卒年表》，麥仲貴，學生書局六十六年初版。

39. 《王門諸子致良知學之發展》，麥仲貴，香港中文大學六十二年版。

40. 《中庸誠的哲學》，吳怡，東大圖書公司六十五年初版。

41. 《明清思想家論集》，王煜，聯經出版社七十年版。

42. 《中國哲學原論、導論篇》，唐君毅，學生書局六十八年修定三版。

43. 《明清之際黨社運動考》，謝國楨，商務印書館六十七年台三版。

44. 《中國方志叢書》，成文出版社五十六年起各版。

45. 《新修方志叢刊》，學生書局五十六年起各版。

46. 〈陸王一系之心性之學（三）——劉蕺山之誠意之學〉，牟宗三，《自由學人》一卷三期。

47. 〈論明儒學案之師說〉，陳榮捷，《幼獅月刊》第四十八卷第一期。

48. 〈劉蕺山的慎獨之學〉，甲凱，《中央月刊》第五卷第五期。

49. 〈略論王學流變〉，錢穆，《思想與時代月刊》第四十三期。

50. 〈泛論陽明學之分流〉，唐君毅，《學原》第二卷第二期。

51. 〈王學的分心與發展〉，牟宗三，《新亞書院學術年刊》第十四期。

52. 〈性理精義與十七世紀之程朱學派〉，陳榮捷，《中華文化復興月刊》第

十一卷第十二期。

53. 〈王門天泉四無宗旨之論辯——周海門九諦九解之辯的疏解（上、下）〉，蔡仁厚，《鵝湖月刊》第一卷第四、五期。

54. 〈晚明學術風氣之分析〉，程運，《中華文化復興月刊》第四卷第六期。

55. 〈晚明諸儒之學風學術上、下〉，錢穆，《人生》第十九卷六期、八期。

56. 〈從宋明儒學發展論清代思想史〉，余英時，《中國學人》第二期。

57. 〈劉蕺山及其理學〉，康雲山，高師六十六年碩士論文。

58. 〈劉蕺山的生平及其學術思想〉，詹海雲，台大六十八年碩士論文。

59. 〈劉蕺山理學思想研究〉，劉哲浩，政大七十年碩士論文。

60. 〈劉蕺山思想研究〉，曾錦坤，師大七十二年碩士論文。